中国・四国地方を支える モノづくり企業 64社

一般社団法人 中国地域ニュービジネス協議会
四国ニュービジネス協議会連合会 ［編］
日刊工業新聞特別取材班

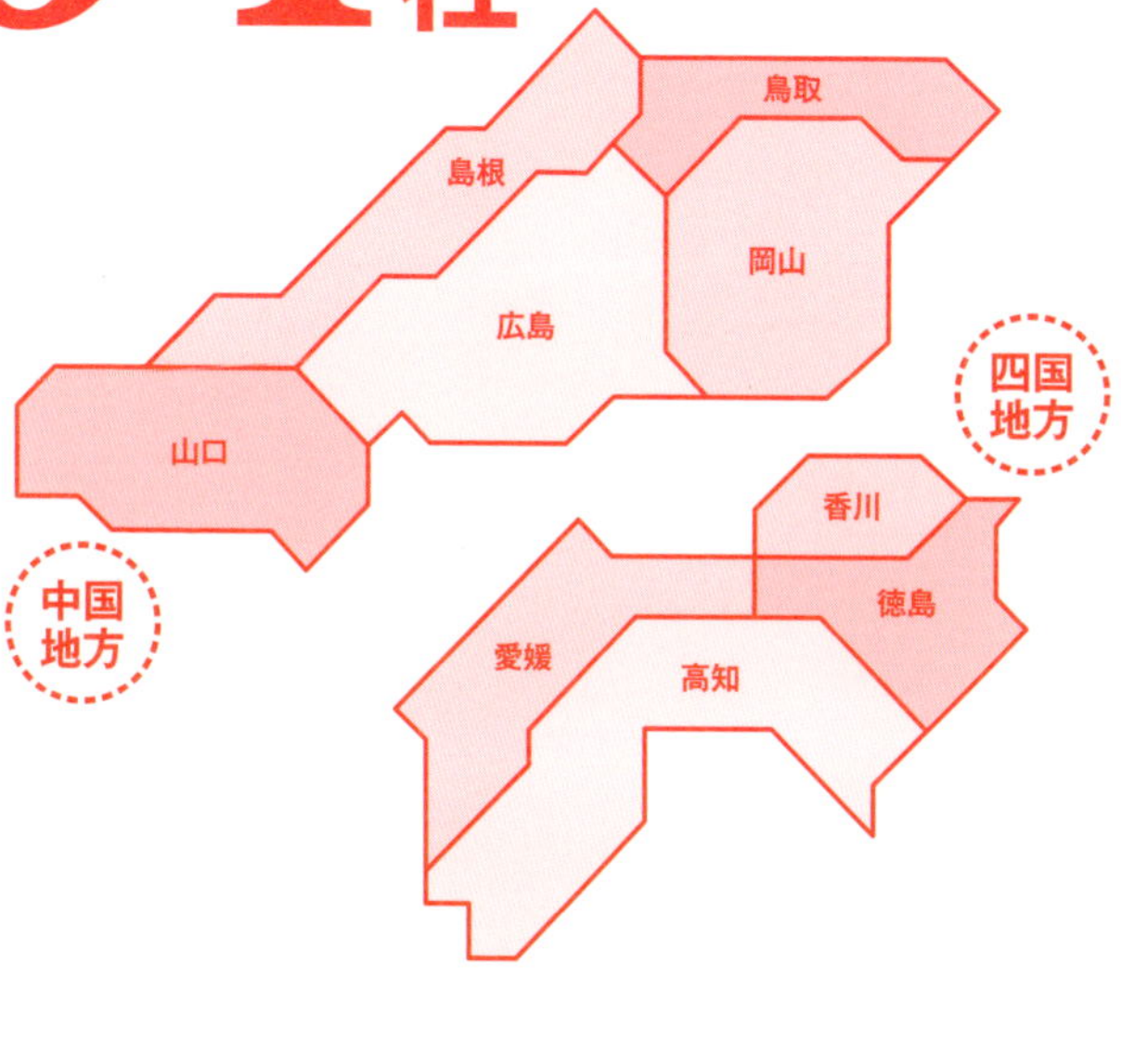

日刊工業新聞社

発刊にあたって

一般社団法人　中国地域ニュービジネス協議会
会長　細川　匡

２０１８年2月現在、わが国の経済は、堅調な世界経済を背景に、緩やかな回復基調が続いております。中国地方においては、輸出や設備投資の増加などから足元の景況感は大幅に改善しておりますが、先行きについては個人消費や海外経済、原材料価格の動向への懸念から慎重な見方をする向きもあります。

また近年、少子高齢化が叫ばれて久しく、依然としてわが国の総人口は減少傾向にある一方、東京をはじめとする大都市圏への人口の一極集中が続いています。中国地方においては、総人口の減少はもちろん、15歳から64歳の生産年齢人口の減少に歯止めがかからず、加えて、65歳以上の老齢人口は年々増加しており、その比率は各県とも全国平均を上回っています。

こうした現状を打破するには、従来の延長線上の取り組みでは、都会での刺激的な生活に慣れた若者たちを呼び戻すことは難しいようです。「地方だから…」と言い訳をするのではなく、

「地方だからこそ…」の利点を生かした地元発信のニュービジネスこそが、地域を活性化する原動力になるものと確信しています。

中国地域ニュービジネス協議会では、単独の企業だけでは得難い「人」「知識」「技術」との出会いをサポートし、「ニュービジネス」を生み出すお手伝いをしています。また、中小企業の活動を支援する他団体と連携し、新しいネットワークを構築することで誕生した「ニュービジネス」が大きく育つバックアップをしています。さらには、新卒者の中小企業への就職支援や人材定着に関する事業も展開し、中小企業の体力強化を支援しています。

本書に掲載されている企業は、いずれもニュービジネスの創造に積極的に取り組んでいる研究開発型企業であり、ご購読いただく皆様方に必ずや「新しい価値の創造」に取り組む勇気と熱意を与えるものと確信しております。

発刊にあたって

四国ニュービジネス協議会連合会
会長　三木　康弘

ニュービジネス協議会は、経済構造の変化と技術革新に対応し新規事業に挑戦する経営者等の相互啓発、連携および国際的ネットワークの構築を目的に活動する団体です。ベンチャービジネスを含むニュービジネスについての調査、研究、育成、醸成をし、様々なチャンネルを使って情報発信することで、国民経済の健全な発展に寄与することを目指しています。

「四国ニュービジネス協議会連合会」は、そうした四国四県のニュービジネス協議会が協力して平成23年に組織し、約３００社が互いに協力しながら四国の独自性を尊重した活動を続けています。経済産業省、独立行政法人中小企業基盤整備機構、地元官公庁や日刊工業新聞社などとも協力し、企業間アライアンスのマッチング、起業家マインドを持つ人材の育成・発掘の支援、起業家の育成・発掘、若年層の起業家意識醸成、スタートアップの資金調達支援など幅広い取り組みを行ってきました。

四国地域には独自の技術力を生かし、ニッチ市場において国際的にも高いシェアを有する中小企業が数多く存在します。また、自らが持つ伝統的技術を生かした挑戦を続け、新しい市場を切り拓く企業があります。認知度はなくとも、大きな可能性を秘めた企業は枚挙にいとまがありません。そうした企業が互いに刺激し合いながら、日々、未来に向けて走り続けている。それが私たちです。

本書に掲載されている企業は、積極的にイノベーションにチャレンジし、変化する時代の流れの中で力強く躍進されている企業です。未来に向けた変革のご参考にしていただき、本書が中国・四国のより一層の発展の原動力となりますことを心から願っています。

最後になりましたが、本書の発刊にあたりご尽力いただきました関係者の皆様に心より御礼お礼申し上げます。

目次

◆第2章　電機・情報

◆第3章　化学・環境

◆第4章　サービス・その他

第1章

機械・金属

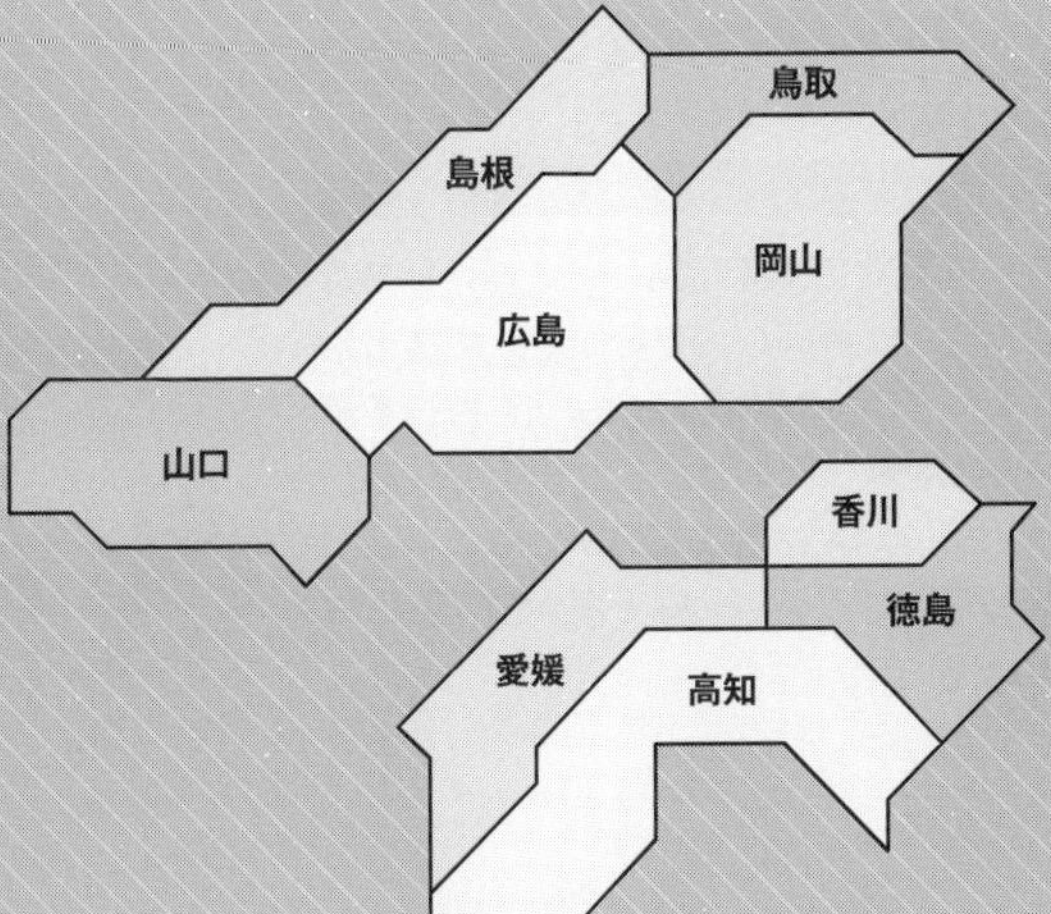

駐車場・成形機・環境機器
研究開発、モノづくりで地域貢献

㈱英田エンジニアリング

英田エンジニアリングは「モノづくりを通じて地域・社会に貢献し続ける」を理念とする研究開発型企業だ。

事業の3本柱は、成形機と駐車場、環境機器。このうち売上の約50%を占めるのが駐車場事業。車止めシステムのほか、コインパーキングなど無人駐車場用機器やソフトウエアおよび駐車場経営ノウハウといった駐車場管理システム全般を販売している。車止めシステムの「ゼロフラップ」は、普段は車止め装置を地中に収納し、車が駐車した後に装置が上がる仕組み。車止め越え時のアクセル踏み込み過

社是・理念

国際社会に通用する研究開発／モノづくりを通じて、お客様と従業員の満足度を最大限高め地域社会に貢献する。100年続く会社を目指す長期ビジョンを抱く。そのためには技術と経営感覚を持った優秀な人材育成が欠かせない。国際感覚を持ち専門性の高い人材で海外の需要にも対応していく。

代表取締役社長
万殿 貴志 氏

ぎ事故の危険を解消した。露出した装置がないため横からもスペース入りが可能。運転が苦手なドライバーでも楽に駐車できる。万殿社長は「ゼロフラップが駐車場の主流になる。大手駐車場運営会社と契約した。これからどんどん伸びていく」と期待をかける。

海外での駐車場展開も視野に入れている。2017年5月に台湾支店を開設。海外特有の駐車場事業ノウハウを習得し、その後のアジア進出を狙う。中国を中心に自動車販売台数は増加傾向で、無人駐車場システム販売に大いにビジネスチャンスがある。「徐々に海外売上を増やし、国内と同レベルに引き上げたい。そこまでいけば以降は急激に海外比率が伸びていく」と万殿社長は自信をのぞかせる。

■顧客の声に応え〝適者生存〟

売上の35%を占めるのがロールフォーミング事業。ロン

さらなる普及が期待される車止めシステム「ゼロフラップ」

段取り替え時間を短縮できる組替レス式冷間ロール成形機

グセラー機の冷間ロール成形機「BURS21」に〝組替レス〟式を加えた。サーボモーターなど制御系を駆使して1つの金型で10セットの断面形状が加工できるうえ段取り時間が飛躍的に短縮できるのが特徴。現場の声に応える研究開発型企業の本領を発揮した事例でもある。

そして、環境機器部門は破砕機・粉砕機用刃物の製造とメンテナンスを手がけ、売上高比率は15％。環境意識の高まりを受け、順調に売上を伸ばしている。

2020年12月期に100億円の売上目標を掲げる。「変化への対応が最も重要。弱肉強食ではなく適者生存」（万殿社長）で〝100年続く会社〟を目指す。

記者の目

会社、社員、地域の“三方良し”の経営

社員が働きやすく幸福を追求できる組織・システムづくりに努め、新人事制度の導入や、業務効率化とIT化で残業ゼロ、休日を取りやすい仕組みづくりを進めている。リフォームし設備を充実した社員寮や社宅の家賃は抑え、福利厚生にも力を注ぐ。本社を置く岡山県美作市の定住促進にも貢献。会社、社員、地域の“三方良し”だ。

会社概要

所在地：岡山県美作市三保原678
電話番号：0868-74-3637
創業年月：1974年8月
事業内容：冷間ロール成形機、造管機、フォーミングロール、無人駐車場・駐輪場管理システム、パワーボラード、破砕機・粉砕器用刃物の製造販売、メンテナンス
売上高：56億円（2016年12月期）
事業所：本社・工場（岡山県美作市）／工場（岡山県赤磐市）、／商品研究開発室（岡山市北区）／営業所（大阪、東京、台湾）

URL：http://www.aida-eng.co.jp/

積極投資で受注獲得目指す 困ったらアルモウルドは有名

㈱アルモウルド

モノづくりは裏切らない――。機械加工メーカー・アルモウルドの杉野社長の姿勢は明確だ。「約束を守る、発注を拒まない」を基本方針としており、「山口県で困ったらアルモウルド」は有名だ。取引先は日立製作所や神戸製鋼所、日本製鋼所、宇部興産、ＴＯＴＯ、三菱重工業など、わが国を代表する企業がズラリと並ぶ。技術力が高く評価されている証でもある。

　創業は１９６７年11月。50周年の節目を迎えた。旋盤工だった創業者の岸野会長が27歳で独立し、宇部市に岸野工

社是・理念

「独自の技術で画期的なものづくり」が社是。柔軟な着想や熱意、好奇心や感受性、失敗を恐れない勇気、そして自由闊達《じゆうかったつ》な雰囲気と創造的システム。これらが組み合わさって新しいものが生まれる。「未来を創造する夢と技術のタマゴ」を生み育てていくため、日夜挑戦と追求を続けている。

取締役会長
岸野 昭二 氏

作所を設立したのが始まりだ。

■グループ各社でそれぞれ競わせる

当初は得意の旋盤技術を使った機械加工を行っていたが、高度成長期に腕の確かさが認められて業容が拡大していく。86年には現在の主力工場で鉄道車両部品や自動車部品製造を手がける有帆工場（山口県山陽小野田市）を、97年には最大5tまでの大型加工を手がける大塚工場（同）を相次いで建設した。さらには、廃業した地元企業の工場を引き取り、製缶工場として再生したプラント工場（同宇部市）や、全額出資子会社のジャストン（同山陽小野田市）を設立。グループ各社を競わせることで杉野社長は「技能や業務効率を高めている」と胸を張る。

岸野会長は「仕事の依頼が増え、結果的に工場が増えただけ」と謙遜するが、各工場の10～20名程度がお互いを意

一圧・二圧の認定工場として高圧タンクなど多数の産業プラント製品を手がける

大塚工場にはマシニングセンタなど最新設備が並ぶ

識することで相乗効果が生まれている。非効率という外部からの指摘も「技能向上のメリットの方が大きい」と一蹴する。

同社は今、顧客開拓に成功し、新たな挑戦を始めようとしている。詳細は明らかにできないが、日本の産業を下支えする重要な事業の一翼を担おうとしている。「時代の波に乗り遅れないよう、積極的に投資して受注獲得を目指す」と、杉野社長は新規分野への参入に期待している。

創業から50年、岸野会長は技術レベルの向上に手応えを感じている。2017年内には海外において日系企業を傘下に収め、海外で機械加工を始める。「日本から人員を送り、現地の需要を取り込む。さらに会社を大きくする」と拡大路線は続く。

記者の目

冷静な経営判断を併せ持つ

押して駄目なら引いてみる。岸野会長は積極投資ばかりではない。2013年に沖縄県うるま市に海外向け機械部品製造工場を開設したが、中国や韓国からの受注が期待できないとわかるや数年で撤退した。この柔軟な対応がアルモウルドの魅力でもある。そして創業から50年。いよいよ始まる海外進出から目が離せない。

会社概要

所在地：山口県宇部市際波1770-1
電話番号：0836-41-1181
設立年月：1967年11月
事業内容：各種機械加工、金型設計製作
売上高：7億3000万円（2017年2月期）
事業所：有帆工場（山陽小野田市）、大塚工場（同）、プラント工場（宇部市）

URL：http://www.almould.co.jp/

体験型展示場で高品質塗装をサポート

アンデックス㈱

塗装における環境と品質のさらなる向上を目指す――。アンデックスはこうしたビジョンを持って塗装ブースや塗装関連設備機器の開発や製造、販売を手がけている。自動車補修用塗装ブースは長年、トップシェアを誇る製品。近年は供給分野が拡大し、航空機や鉄道車両、建設機械など大型の塗装ブースのほか、一般的な産業関連向けの塗装・乾燥装置も幅広く製造する。

同社は塗装ブースの拡販を見据え、自社設備を充実させている。それが「ライブファクトリー」と呼ぶ塗装を体感

社是・理念

素晴らしい環境の中に有能な人材が集い、社会に役立つ仕事に限りなく挑戦し、一人一人が人格の形成を目指す。

代表取締役
田邊 耕造 氏

できる施設だ。ライブファクトリーではさまざまな仕様の塗装ブースを設置しており、上下流・水平流における塗装の作業性や品質を検証できる。温度や湿度の変化による塗装限界の範囲測定、温度・湿度の変化と風速による乾燥速度の測定なども調査できる。また、ライブファクトリーにはコンプレッサーや各種ヒーターなど、塗装・乾燥にかかわる周辺設備も揃える。顧客の実際の作業環境に近づけた状況で体験塗装ができるようにするためだ。同社では「高級塗装や大型塗装に対応した設備の引き合いが増えている」と、最新技術を備えた体験施設に手応えを掴んでいる。

■尾道ならではの自転車事業も展開

ライブファクトリーには、実際の塗装状況を確かめようと塗料メーカーなどが訪れる。来客に最高のおもてなしを提供するのが併設したゲストルーム。無垢材を用いた床と

顧客が実際に効果を確認できる塗装ブース

来社した顧客に最高のおもてなしを提供するゲストルーム

壁で設えられた室内からは、全面ガラス越しに庭木の緑が見え、尾道の風景画がかけられたその空間は開放感のある別荘を思わせる。

塗装設備のほか、アンデックスの看板に育ちつつあるのがスポーツサイクル。同社が本社を置く広島県尾道市は、愛媛県今治市との間を結ぶ西瀬戸自動車道（しまなみ海道）がある。しまなみ海道は本州四国連絡橋の中で唯一、自転車で通行できる。しまなみ海道でのサイクリングを楽しめるよう、スポーツサイクル事業部では本格的なスポーツサイクルを製造している。本社内にはサイクルショップ「凪《なぎ》」を設置。自転車ツーリングを支援している。さらに、グループ会社として携帯電話ショップを運営するアンデックスソリューションを有している。

記者の目

充実した設備で高い評価を得る

塗装ブースの導入検討を行う顧客にとって、塗装状況の事前確認は大いに参考になる。それゆえライブファクトリーの開設後は、尾道の本社への来訪者は日増しに増加している。もちろん、技術力をベースにしたアンデックスの設備に対する評価も高まっている。一方で、尾道の特色を生かしたスポーツサイクルは企業イメージの向上に一役買っている。

会社概要

所　在　地：広島県尾道市東尾道 15-29
電話番号：0848-46-3711
創業年月：1971 年 9 月
事業内容：塗装設備、塗装ブース、乾燥装置および関連機器、スポーツサイクルの製造・販売、携帯電話の取り扱いほか
売　上　高：70 億円（2017 年 6 月期・連結）
事　業　所：本社／東京、大阪、名古屋、福岡（営業所）／岐阜テクニカルセンター／山波工場

URL：http：//www.andex.co.jp/

生産技術の高度化、充実した人材育成で支える

㈱今西製作所

今西製作所は鋳造と金型、車体溶接治具の3事業を柱に、マツダをはじめ自動車メーカー各社との取引を広げてきた。鋳造用木型からスタートしたことから造形技術が中核にあり、いち早く導入した3次元CADを全面的に活用して高付加価値かつ効率的なモノづくりを追求してきた。

鋳造事業の特徴は3次元積層造形と独自の精密鋳造法を組み合わせたこと。通常の精密鋳造では鋳込む製品の模型をロウでつくるロストワックス法が主流だが、同社は模型を紙でつくる「ロストペーパー法」を確立した。水車のイ

社是・理念

1. お客様に喜ばれ地球環境に優しい製品とサービスを心をこめて提供します。
2. 創意と工夫により常に新技術の追求と資源の有効活用に努めます。
3. 安全・クリーンで活力ある職場作りを進めます。
4. 健全で環境にも配慮した企業経営を通じて社会に貢献します。

代表取締役社長

今西 寛文 氏

ンペラなど複雑形状の鋳物を短納期で製作可能。従来の紙積層造形機に加え、２０１４年には樹脂による光造形３次元プリンターを導入し模型製作をグレードアップした。

金型事業では車のカムシャフトなど形状が複雑な金型を得意とする。特に金型の内部に温調管を配置した特許の金型製法は、鋳造工場を持つ同社ならではの得意技。あらかじめ鋼管や銅管を配置しておき、後から周囲に金型材を鋳込む「鋳包み」という技術で複雑な内部配管を可能にした。樹脂成形金型でフル活用されているほか、金型の温調効率が高くサイクルタイムを短縮できる特性から、ホットプレス金型にも応用が期待される。

■溶接治具、複数車種に対応

車体溶接治具では、車体左右の外板パネルの溶接治具を手がける。得意とするのが混流生産に対応した治具。パネ

3次元造形機。精密鋳造品の消失模型の製作に用いる

ロボットとマシニングセンターによる治具製作の生産システム

ルの台座部分を可動式にすることで1つの治具で複数車種のパネルに対応できる。独自開発のCAD／CAM設計と高精度の製作技術による複雑形状の治具製作が特徴。ロボットを含む溶接ライン一式を提供して高評価を受けている。

こうした先進的な技術を保持するため人材育成を重視してきた。約120人の社員のうち半数強の64人は1級または2級の国家技能検定を取得。会社が受験料を負担しており、1級に合格すると特別賞与を出すなど全面的にサポートする。また、職種ごとに必要なスキルとレベルを網羅したスキルマップを整備しており、社員がスキルレベルを明瞭に把握できる。「技術者集団として自信を持ち、仕事を通じてスキルを磨いて欲しい」と今西社長は期待を込める。

記者の目

ガラス張り経営を進める見識の高さ

今西社長が強調するのが「経営をガラス張りにすること」。スキルマップはその一例で、社員が自らの実力を見えるようになれば納得したうえで努力するようになる。会社の経営状況についても労働組合に率直に示し、賞与など処遇への理解度が深まるという。このような明瞭な経営はそうそうできることではない。見識の高さに感心した。

会社概要

所　在　地：広島県広島市東区矢賀新町 5-7-17
電話番号：082-286-0661
創業年月：1921 年 6 月
事業内容：自動車組立用溶接治具、金型の設計・製作、各種鋳造品の製作・販売
売　上　高：24 億 6600 万円（2017 年 3 月期）
事　業　所：本社／工場（矢賀、船越、海田）

URL：http://www.imanishi.co.jp/

ロボット技術で労働集約型業種に一石

㈱ウィズソル

非破壊検査は、いわば〝製造現場の守護神〟。石油化学プラントや電力、造船、インフラ構造物などの傷や経年変化を検査し、安心・安全を保ち品質を守る。ウィズソルは、これらの現場に自社開発の自動化装置を投入し、検査をより精密に、より短時間にを実現した先進企業である。中でも石油備蓄用大型タンクなどの検査に使用する「タンク底板連続板厚測定装置」は同社の飛躍の礎となった。その後、石油業界の再編とも相まって、またたく間にタンク検査でのシェアを8割超に伸ばし、全国にユーザーを拡大。東日

社是・理念

「守る」をともに 信頼・努力・安全

産業インフラから社会インフラに至る諸設備が、安全に安定して操業できるよう予防保全と事後保全、また鋼構造物等の製造過程における品質保証の一翼を担う企業として、既存及び最新の検査技術、熱処理技術を提供し、安全安心社会の維持発展に貢献することを使命とする。

代表取締役社長
中野 克己 氏

本での受注高が全体の3分の1を占めるに至り、2017年4月に関西エックス線から現社名へと変更した。

タンク検査に投入した連続板厚測定装置は、野球場ほどのタンク底板の全面検査を可能とし、安全性向上に寄与。しかも、標準的なタンクで検査期間を30％程度短縮した。工期短縮と貯蔵タンクの品質保証は発注者にとってもメリットは絶大で、〝検査は手作業〟という従来常識を覆し、労働集約型産業に〝自動化〟という新たな概念をもたらした。今でも国内シェアNo．1の測定技術となっている。

■ヒューマンスキルを大切に

タンクの検査装置は、国の指針で開発した本四架橋溶接部検査の自動超音波装置がもとになった。同社の持つ超音波技術を活用し、三菱重工業広島研究所と共同開発。この橋梁検査技術のノウハウをタンク検査に展開した。開発の

タンク底板連続板厚測定装置

配管連続板厚測定装置

ポイントとなったのはベテラン研究者と若手社員の融合。開発技術はタンクだけではなく、プラント配管検査の自動化装置も生み出した。

増大する顧客の課題を解決し、社会の安全を守るため、研究開発に力を注ぐ責務が高まっている。そこで設置したのが、中野社長の一声による「開発ソリューション部」。以来、「自走式目視ロボット」など数々の検査機器を開発している。

また、「人の数だけで仕事をする時代ではない」と、装置開発者を別枠で採用しており、就職希望先として学生の人気も上々。検査技術者の教育にも力を入れている。挨拶、礼儀、服装などのビジネスマナーまでのすべてがヒューマンスキルであり、検査は「人間性が第一」を信念としている。

記者の目

攻めるときは攻める事業戦略にも定評

中野社長は守護神・ゴールキーパーのいるサッカーをこよなく愛する。広島が本拠地の女子サッカー「アンジュヴィオレ広島」の選手も在籍する。守りは堅い。一方で、景気次第で企業が検査時期を変更するといった波に対応し、シェアと規模の拡大も虎視眈々を狙う。ときには鋭いシュートを放ち、“攻撃的なサッカー”にも定評がある。

会社概要

所　在　地：広島県広島市西区南観音 6-3-10
電話番号：082-291-2500
設立年月：1961 年 2 月
事業内容：非破壊検査、熱処理工事、設備診断、技術者派遣
売　上　高：53 億 9000 万円（2017 年 3 月期）
事　業　所：全国 9 営業所／6 出張所／12 事務所

URL：http://www.withsol.co.jp/

研磨の「かけ込み寺」として存在感を発揮

宇治電化学工業㈱

宇治電化学工業は研磨システムと技術の提案によって顧客を掴んできた。顧客の要望に丁寧に応え、自社技術の優位な市場を見定めて事業を展開。研磨材から研磨機へ、そして研磨を軸に新たな事業領域へ、時代を先読みしながら歩みを進める。

同社は１９３９年に創業。水力発電の電力が豊富な高知の新産業として、電気溶融によるアルミナ系研磨材の製造を始めたのが興りだ。今も主力製品に名を連ねるバフ研磨用の「トサエメリーエキストラ」は51年に発売。戦後の市

社是・理念

技術開発を更に進め、顧客利益を実現し社会の発展に貢献する

代表取締役社長
西山 彰一氏

場の急変に伴い、他メーカーと競争が激化する中で強い独自性を持つ製品として生み出した。自転車のリムや洋食器、自動車のめっきバンパーなどそれぞれはニッチな市場ながらユーザーは多様化し、事業は拡大した。同時に50年代後半から輸出も開始。国内外で存在感が高まった。

　高度経済成長期を経て、バレル研磨の顧客に自動化ニーズが高まると研磨機分野に進出。ここでも競合の少ない乾式の機構を採用して独自性を発揮した。西山社長は「製品と技術サービス、アフターフォローで勝負している」と力を込める。２０１０年から保有技術を可視化し、求められる技術、技術の掛け合わせで進出可能になる事業領域を図にしたロードマップ「技術曼荼羅《まんだら》」を作成。毎年、改訂しながら自社の立ち位置を明確にしている。一方、販売ネットワークも強みだ。１９５０年代に国内に全国12の特約店網を構築。情報を共有しながら市場対応力を高めた。海外

ロングセラー商品となっている研磨材「トサエメリー」

IoT 対応のバレル研磨機

は中国や韓国、フィリピンなどアジア9カ国。加えて、2017年にはドイツにも代理店を設立。ドイツは今後、欧州市場開拓の要となる。

■時代の変化で広がる市場

モノづくりの国内回帰が進む今、研磨機の需要が高まっている。人手不足などを背景に自動化と大型化を求める声は強い。引き合いは自動車関連、医療機器分野などの従来分野から仏具など新たな領域に広がっている。さらに国内と台湾で高評価を得てきた管楽器の研磨がドイツでも認められてきた。IoT対応やロボット、人工知能(AI)の活用など時代の要請にも取り組みながら、創業から蓄積してきた研磨ノウハウであらゆる産業分野に貢献する。

記者の目

時代の先取りが強さ

宇治電化学工業には研磨に関わる技術の豊富な蓄積がある。地理的な条件がよいとは言い難い高知にあって全国的にその知名度は高く、今や特殊研磨技術を求めるユーザーの「かけ込み寺」となっている。未来の保有すべき技術まで描く「技術曼荼羅」に浮かび上がる将来の事業領域は現在より一層広く、今後の動向が注目される。

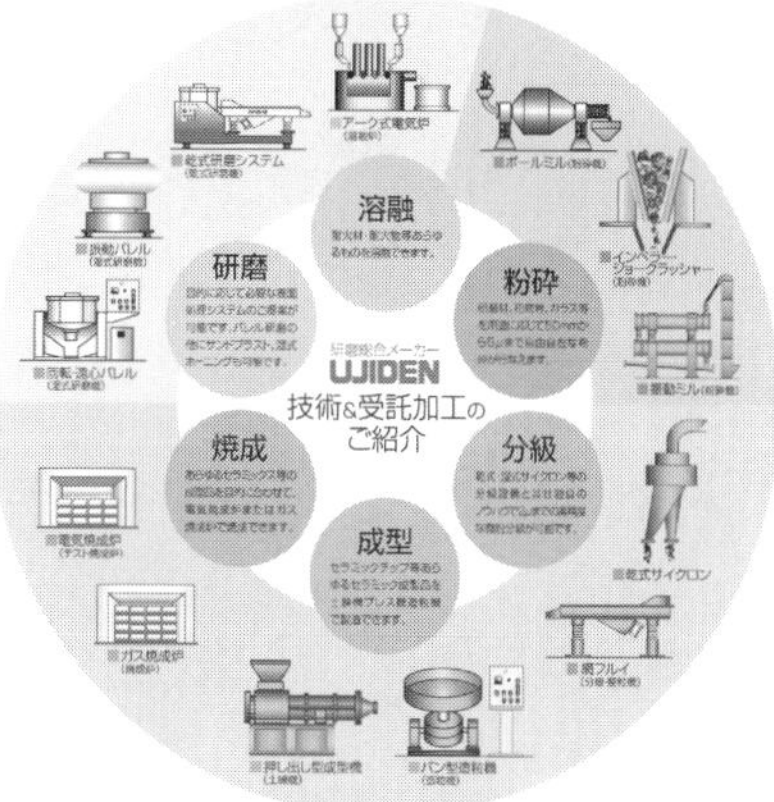

会社概要

所　在　地：高知県高知市桟橋通 5-7-34
電話番号：088-832-6161
設立年月：1939 年 11 月
事業内容：研磨材、耐火材などのセラミック製品、産業用機械の製造・販売
売　上　高：21 億 600 万円（2016 年 11 月期）
事　業　所：本社工場／東京、大阪（営業所）

URL：http：//www.ujiden-net.co.jp/

生涯現役で「ウエルネスな社会」へ 医療・福祉・健康を支える

オージー技研㈱

オージー技研は医療、福祉、健康の領域で物理療法機器やリハビリ機器、介護用入浴機器などを開発製造販売する総合メーカー。2015年に生涯現役で活躍できる「ウエルネスな社会」実現の願いと、世界に通用する名前をとの思いを込めたブランド「オージーウエルネス」を立ち上げた。

介護用入浴機器市場で国内トップの約4割のシェアを持つ。後発の市場参入だが、1991年に発売した車いすのまま入浴できる「チェアーインバス」が画期的な製品と好

社是・理念

「誠意・創意・熱意」。我が社は顧客を大切にし、常に正しい経営を展開することによって社会に奉仕し、社員と共に繁栄する。信用を重んじ、社会への奉仕を念願する。技術第一主義に徹し、和の精神を貫き全員が責任を全うし、より豊かな生活と幸福を追求する。常に視野を世界に向け、国際企業への飛躍を図る。

代表取締役社長
奥田 宏氏

評を博した。ボディーカラーは当時、主流だったステンレス色や青色といった寒色に代わり暖かなピンク色を採用。今では入浴機器のスタンダードカラーになっている。

17年に開発した新型チェアーインバス「トゥッティ」は、軽量でコンパクトながら浴槽空間を従来機種より14cm拡張したことで、ゆったりと入浴できる。今後も現場の声を反映した快適な入浴機器を追求していく。

■運動機能回復のために

創業は1949年。翌年に第1号製品の低周波治療器が生まれた。その後、初の国産化に成功した「牽引治療器」が好評を博し、物理療法機器の市場で評価を高めた。低周波治療器「IVES（アイビス）」は電気刺激で手足の運動をサポートする機能が脳卒中の後遺症である運動麻痺のリハビリなどに活用されている。

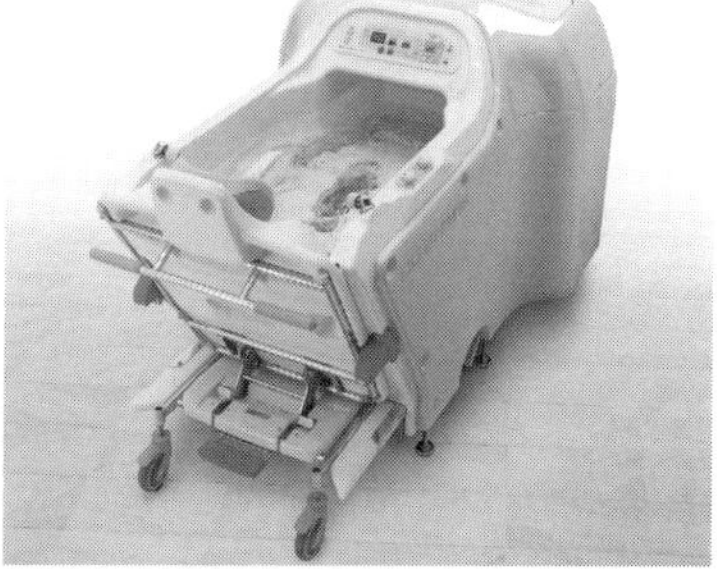

車いすのまま入浴できる
チェアーインバス「トゥッティ」

オージーウエルネスフィールドはマンツーマンでのトレーニングなどができる

2014年、本社隣接地にEMC（電磁両立性）試験棟を建設。外部からの電磁波を遮断した電波暗室を有し、国際規格に準じた試験が行える中小企業では珍しい施設だ。また、15年にはウエルネス施設「オージーウエルネスフィールド」をオープン。中高年から高齢者まで幅広い年齢層が通い、マンツーマンのトレーニングで生涯現役維持やリハビリに励む。

17年5月、医療・福祉施設向け介護用入浴機器の製造販売10社が「日本介護用入浴機器工業会」を設立。奥田社長が初代会長に就いた。機器の品質向上や安全基準の策定に取り組み、より安全で快適な介護用入浴機器の提供を目指す。すべての人が元気で笑顔でい続けられる社会の実現がウエルネス創造メーカーの願いだ。

記者の目

日本式介護を世界へ

「リハビリ総合メーカーとして世界でトップに立つ」という目標を掲げ、「2027年ビジョン」で現在の倍に相当する300億円の売上高を目指す。その約1/3を中国、東南アジア、中近東など海外市場での売上を見込む。16年には、中国・上海に現地法人を設立した。入浴をベースに日本式介護サービスを広める考えだ。

会社概要

所在地：岡山県岡山市中区海吉1835-7
電話番号：086-277-7181
創業年月：1949年4月
事業内容：医療機器、福祉機器、健康機器の製造・販売および輸出入
売上高：123億3500万円（2017年6月期）
事業所：本社（岡山市中区）、東京本社（東京都千代田区）／工場（岡山県瀬戸内市）／支店（埼玉、東京、名古屋、大阪、九州）／営業所（札幌、盛岡、仙台、新潟、千葉、横浜、金沢、神戸、岡山、高松、広島、鹿児島）／出張所（那覇）／海外（中国上海市）

URL：http://www.og-wellness.jp/

『量る』ことを一途に追求する産業用はかりのトップメーカー

鎌長製衡㈱

鎌長製衡は、1880年に分銅造りとして創業して以来、商売の基準となる『重さを量る』を追求してきた。現在は、トラックスケールをはじめとした産業用計量器や、ホッパースケールなどの自動計量器といった産業用はかり、関連する計量システムなどを手がけている。これに加え、ペットボトルや缶の圧縮機などリサイクル機器や、リサイクルプラントも同社の主力事業となっている。「はかりに信用がなければ商取引も成立しない。お金を数えることと同じくらい重要」（鎌田社長）であり、社会の安定性を保つ役

社是・理念

『安全・安心・持続可能な社会づくりに貢献する』を基本理念に、顧客の満足する製品造りをモットーとする。『最高の品格・最大の信用・最新の技術・最善の奉仕』を社是に掲げ、先人のモノづくりに対する理念を今に引き継ぎ、21 世紀に必要とされる製品の創造に邁進する。

代表取締役社長
鎌田 長明 氏

割を担っているといっても過言ではない。

同社は、顧客の声や時代のニーズに応えながら、産業用はかりやリサイクル機器の分野で信頼される製品づくりを進めてきた。こうして長年積み重ねてきた信頼と「安心・安全な製品を長期間にわたって提供していくことが、わが社ができる一番の社会貢献」（同）という考え方が、同社のモノづくりの根幹となっている。

鎌長製衡の強みは、最適な『量り方』を提案する力。ユーザーの『何をどのくらい量りたい』というニーズに対して、最適な提案をするためには「営業マンが顧客の要望を的確にくみ取れるかが最も重要」と鎌田社長は話す。こうした感性を磨くためには「机上ではわからないことが多く、現場に行かなければレベルアップしない」と、現場第一主義を掲げており、これまでにも時代に合わせてさまざまな『量り方』を提案してきた。

飼料などを計量するホッパースケールは国内屈指のシェアを誇る

取引の安全安心にトラックスケールでの計量は欠かせない

重量指示計「K-400D」

■無人化計量システムを推進

現在、同社が注力するのがトラックスケールの無人化計量システム。これにより計量作業の迅速化・省人化、不正計量の防止などが見込める。重量指示計「Ｋ－４００Ｄ」とＩＣカードやＷｅｂカメラ、遮断機などを組み合わせることで、計量に係る人員が不要になり、人手不足の解消につながる。

海外展開にも取り組んでおり、韓国とタイに拠点を構える。今後は「香川から世界に飛躍していけるような製品をつくり続け、地域に貢献していきたい」（鎌田社長）と、東南アジアを中心に海外展開にも注力していく方針だ。

記者の目

最先端技術を取り入れ、新しい価値を創出

IoT や AI といった最先端技術がさまざまな場面で組み込まれていく中で、『モノを量る』というシーンにも、ますます組み込まれていくことが予想される。同社には、こうした最先端の技術を積極的に取り入れ、保有するノウハウと融合させることで時代が求める新しい製品やサービスを創出してもらいたい。

会社概要

所　在　地：香川県高松市牟礼町牟礼 2246
電話番号：087-845-1111
設立年月：1947 年 1 月
事業内容：計量機器・リサイクル処理機器製造業、各種プラント製造業
売　上　高：40 億円（2017 年 3 月期）
事　業　所：東京、大阪、名古屋、九州、中・四国

URL：http://www.kamacho.co.jp/

品質を最重視した吊り上げ金具を供給

関西工業㈱

国内有数の観光地として知られる広島県福山市の鞆の浦。関西工業は、この名勝がある福山市鞆町で、1943年に鞆船舶金物製造として設立した。金物の産地である鞆町は吊り具メーカーが集積していたが、その中で独自色を出すために、吊り上げ金具「シャックル」の生産を開始した。47年に現在の関西工業に社名を変更している。

シャックルはモノとモノをつなぐ金物で、重量物を吊るために安全性と強度が高いレベルで求められる。そこで、シャックルに代表される吊り上げ金具は、材料購入から鍛

社是・理念

顧客には完全な製品以外、出荷しない

代表取締役
羽田 和弘 氏

造、加工、販売に至るまでの一貫体制を確立している。特に鍛造は独自の製造ノウハウを持ち、作業の高効率化に成功している。こうした強みを背景に「ＫＡＮＳＡＩ」ブランドで製造するシャックルは、超小物から大型のタイプまで幅広く取り揃える。品質重視のモノづくりの原点を守りながら、安心して使える金具の供給に努める。そのほか、ホイストクレーンの販売代理店業務も手がけている。

拠点は燧灘《ひうちなだ》を望む福山市箕島町の丘陵地にある本社工場や鞆第二工場、鞆第三工場、自動倉庫を備えた鋼材センター（箕島工場）などがある。今後、本社工場の近隣地では、新工場の建設も予定している。

■モノづくりを通じて福山に貢献

関西工業がモノづくりにかける思いと同様、もうひとつ熱い思いがある。地元である福山への思いだ。羽田社長は

安全、軽量、使いやすさなどを追及したワイドシャックル

オリジナル製品としてフックも揃える

「この会社を支えてきたのは地元である福山の人たち」と力を込める。こうした思いから「メーカーとして、他府県や海外に今後も工場を建てる気はない。社員たちが自分の家から通勤できる会社であることが、地元企業として福山に貢献できることになると思う」と続ける。

戦時中に福山で設立し、戦後復興による立ち上がりも福山が拠点となり、バブル期やリーマン・ショックなどの栄枯盛衰でのさまざまな過程における業務遂行を支えてきたのは、まぎれもなく、地元の福山の人であるという思いがある。「転勤がなく、家族と一緒に生活することで福山に家を構えて生活できる。これが福山の発展につながる」と話す羽田社長は、モノづくりを通じた地元貢献の意義を強調する。

記者の目

地元愛を胸に信頼あるモノづくりに努める

シャックルの生産量で高いシェアを誇る関西工業。重量物を吊り上げるだけに、製品への信頼度は、そのまま企業への信頼へとつながる。設立以来貫いている品質重視の姿勢が、供給先からの信頼を支えている。そして、特筆すべきは地元・福山に対する愛情だ。福山の地に根ざした企業活動こそが一番の地域貢献につながるという思いがある。

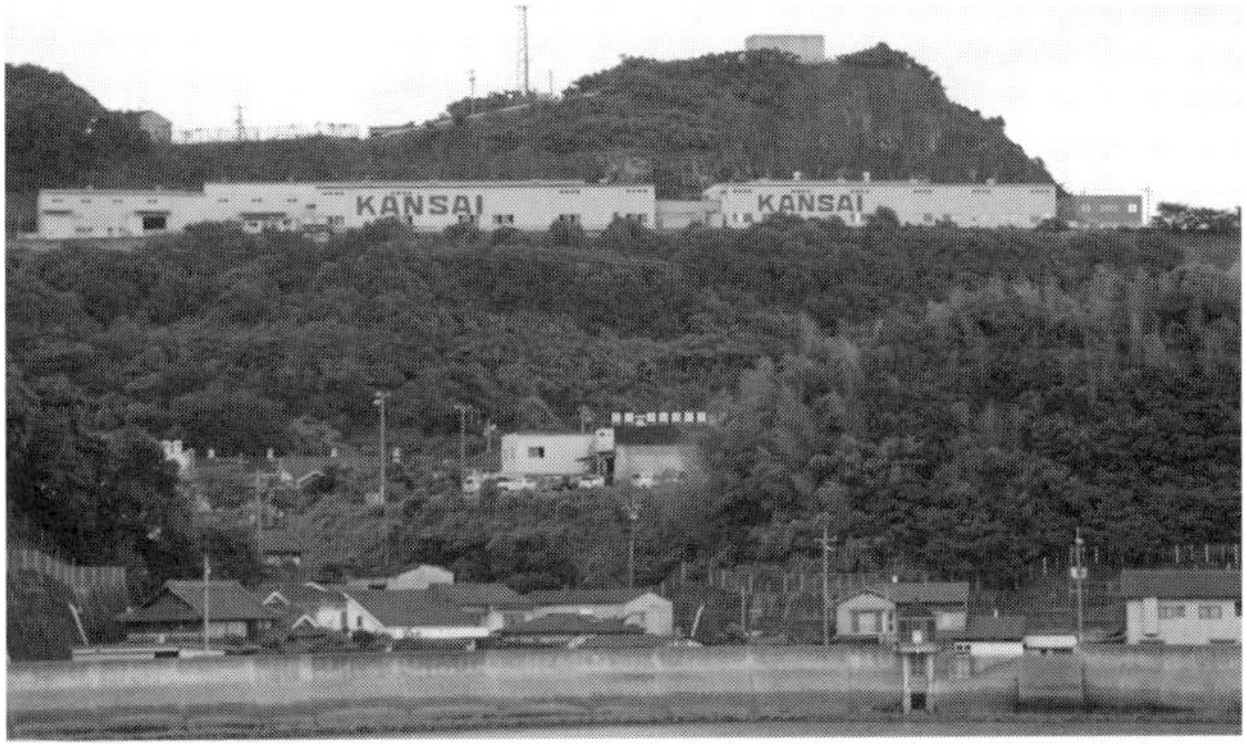

会社概要

所在地：広島県福山市箕島町7399-35
電話番号：084-954-2555
創業年月：1943年7月
事業内容：シャックルなど吊り上げ金具、産業用機械部品の設計・製作、ホイストクレーンの販売代理店業務ほか
売上高：24億円（2017年3月期）
事業所：本社／本社、鞆第二、鞆第三（工場）／箕島鋼材センター

URL：http://www.kansai-shackle.co.jp/

技術力を核に3事業を展開する総合メーカー

コアテック㈱

コアテックは1972年に創業。省力化機械・設備のメーカーとして事業を展開してきた。現在、同社は3本柱の事業部制を敷いて多角的に展開している。1つは創業以来のファクトリーオートメーション（FA）システム事業部。現在、同社の売上の約70％を占める中核部門で、加工や組立、溶接などにおいて最先端の自動化設備を提供する。国内すべての自動車メーカーや主要自動車部品メーカーを中心に数多くの企業と取引している。

2つ目の柱は、太陽光発電や風力発電システムおよび冷

社是・理念

『顧客の喜びを最大化し、私達にとって幸せとは何かを追求する会社となる』が理念。時代に対応した社会ニーズと顧客ニーズを常に意識しながら、社員一人ひとりが技術の向上を図り、継続的改善を進める。探求と挑戦、進化を繰り返して新しい価値の創造、新商品開発をし続け、世界一のものづくりを目指す。

代表取締役社長
藤井 茂氏

暖房装置、除草発電シートなどを手がけるエコロジー事業部。そして、3つ目の柱がニュービジネス（NB）事業部だ。プレス機やねじ締め機など、サーボ技術を生かしたACサーボツールや、生産ラインの不良品監視や溶接ビードのチェックなどを行う各種画像検査システムを主力に、自社ブランド製品を製造販売している。同事業部ではこのほか、駅や空港で発着便情報などを表示するデジタルサイネージやワイン検索システムなど、ソフトウエア開発力を生かしたIT関連製品も手がける。

■自社製品に挑戦

同社がNB事業部を発足したのは2010年10月。08年のリーマン・ショックの影響により当時、同様の設備開発メーカーが多く淘汰された。全国に多くの取引先を持ち、設備の更新やメンテナンスといったリピートの仕事を維持

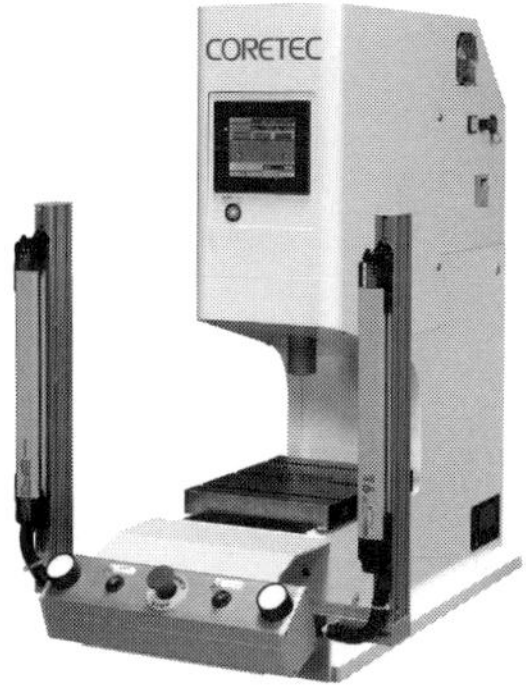

ACサーボ技術を生かした、多目的に使用できるサーボプレス機「Multi Press」

2017年9月に公開したスポーツカーの小型電気自動車

しながら「新しい事、リスクのある仕事も受注しなければ、ぬるま湯のなかでいつのまにか焚かれ死ぬ『ゆでガエル』になりかねない」（藤井社長）という危機感があった。そこで自社製品で売上が見込める体制にすべく、ACサーボツールや画像検査システムを核に同部を立ち上げた。「赤字になってもやると覚悟を決めた。恥をさらして売りに行け」（同）と檄を飛ばしたという。いまでは同事業部の売上げは全体の15％を占めるまでに成長している。さらに、17年9月にはスポーツカーの小型電気自動車（EV）を公開した。岡山県の自動車部品メーカーの協力を得て開発し、5年以内の販売を目指す。自動化設備の設計製造で蓄積した技術力を核（コア）にさまざまな分野で挑戦は続く。

記者の目

モノづくり全工程を経験可能

コアテックの魅力は1人の社員が設計から組立、調整までモノづくりの全工程を体験できること。オーダーメイドの一品づくりの製品がほとんどのため毎回、作業が異なる。大手企業と違い、社員が企業の歯車のひとつになることはない。総合的なモノづくりに取り組みたいと思う人向けの会社だ。

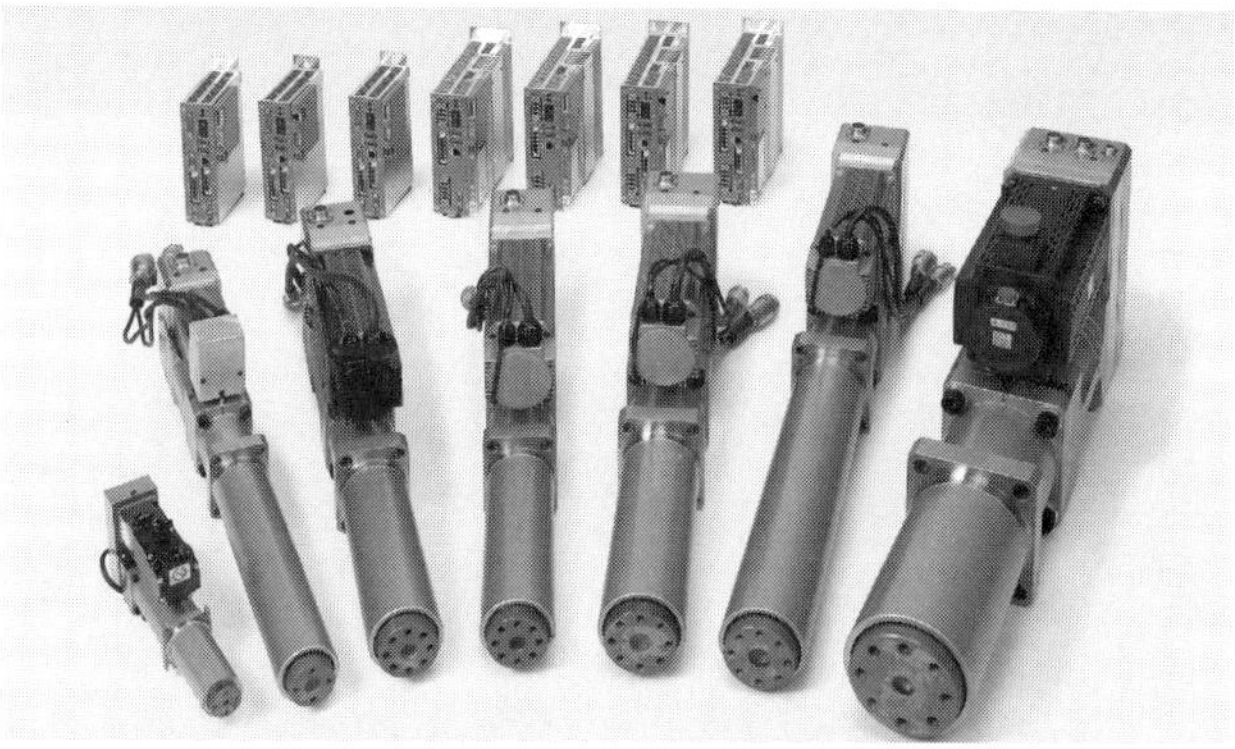

会社概要

所　在　地：岡山県総社市赤浜500
電話番号：0866-94-9000
創業年月：1972年4月
事業内容：FA自動化設備の設計・開発・製造販売、ACサーボツール・画像検査システム製造販売、エコロジー・IT＆デジタルビジネス
事　業　所：本社・工場（岡山県総社市）／阿曽工場（同）／中部営業所／東京駐在

URL：http://www.coretec.co.jp/

鉄を追求した圧延と熱錬の技術に強み

光陽産業㈱

国内有数の観光地である鞆の浦、広島県福山市鞆町で創業した光陽産業は、〝鉄〟にこだわったモノづくりにまい進してきた。用途に応じた特性を持たせるため、異なる成分を加えた鉄は「鋼」と呼ばれ、鋼を高温にして形状を変える「圧延技術」と、鋼を加熱・冷却させることで求める性質を付加する「熱錬技術」がある。これら2つの技術を併せ持つことが強みとなっている。

1970年に岡山県笠岡市に本社・工場を移転して以降は、さまざまな種類の鋼材を圧延し、多種多様な素材や製

社是・理念

〈社是〉

研　鑽　INNOVATION

〈経営理念〉

■地域社会に貢献、存在感のある会社づくり。

■会社は常に社員の幸福を目指し、社員は会社の繁栄を目指す。

■困難に打ち克つ創造性のある使命感溢れる組織づくり。

代表取締役
来山 尊 氏

品に対する熱処理に取り組んでいる。祖業の圧延は、鋼材を加熱して延ばし、成形する熱間圧延。同社の熱間圧延は小型鋼材に扱う製品に絞り込んでいる点に特徴がある。製造設備や鉄鋼製品の大型化が進む中、供給先のマーケットが小さくとも小型鋼材に絞り込み、高い専門性を追求することで高品質な製品づくりが可能になるという思いがある。こうした的を絞った熱間圧延の技術を磨いてきた結果、圧延の小型鋼材製品の分野では国内トップクラスへと成長を遂げた。

■熱処理は多品種小ロットで存在感

来山社長の「経営の安定化ともう1つ事業の柱を確立させたい」との思いから、1982年から事業化に乗り出したのが熱処理。同社の熱処理の特徴は小ロット品で短納期対応を実現している点にある。来山社長は「熱処理では後

さまざまな鋼材を圧延する製造ライン

多品種小ロットが強みの熱処理

発。存在感を示すために多品種小ロット・短納期を軸にし、お客さまのニーズを掴みたい」とその理由を話す。現在、熱処理は同社売上高の約⅓を占めるまでに飛躍した。

これら主力の2事業を確立した光陽産業であるが、顧客からの信頼を支えるのは、やはり人材である。圧延と熱処理の技術で、それぞれの仕事内容は異なるが、〝鉄〟という素材への理解を育む点は共通する。鉄の性質への本質的な理解を深めるための人材育成やスキルアップに力を入れる。

一方、モノづくり基盤の強化にも余念がない。2018年には重油から液化天然ガス(LNG)に燃料転換した新しい加熱炉が稼働する。さらに圧延ラインの刷新も視野に入れている。

記者の目

挑戦する強さと地域の人を笑顔にする優しさ

圧延と熱処理の２部門で確固たる存在感を示す光陽産業は、照準を絞った事業展開が奏功している。両輪が噛み合った現状に手応えを掴みつつも、今後も挑戦姿勢を貫く。一方で工場の外壁一面には太陽や動物など色とりどりのイラストが描かれている。社員のモチベーション向上と道行く人を笑顔にという思いが込められており、同社のもう１つの看板でもある。

会社概要

所　在　地：岡山県笠岡市新賀 777
電話番号：0865-65-1555
創業年月：1955 年 1 月
事業内容：構造用平・丸・角鋼およびＩ形鋼製造、金属・非鉄材料および部品の熱処理ほか
売　上　高：24 億円（2017 年 12 月期）
事　業　所：本社／工場

URL：http://www.koyosangyo.com/

精密製缶フレームと大型製缶・溶接で存在感

㈲佐々木組

佐々木組は産業機械部品の製缶・溶接を手がける。数cmサイズの小物から長さ10m、重さ10tに及ぶクローラクレーンのサイドフレームといった大物まで、多品種少量対応で事業を展開する。高度経済成長期、いち早くCADやレーザー切断機を導入し、追求してきた精度と効率、熟練技術者が蓄積した精密製缶のノウハウが同社の強み。現在は半導体製造装置関連、造船関連製品なども手がけ、事業の幅を広げている。

大物も高精度に仕上げる技術は大手企業からの信頼も厚

社是・理念

経営理念
その未来《さき》のために
一、まごころを込め、感動のある“ものづくり”をしよう
一、ものづくりを通して、社会を構成する一企業としての社会貢献をしよう
一、全社員、そしてお客様とともに成長し、幸せになろう
一、創意と工夫と改善を継続し続けよう
一、チャレンジし続け、その未来《さき》を考え、その未来《さき》を創ろう

代表取締役社長
秋田　華佳 氏

い。溶接順序や速さ、溶接機の電気量などに注意を払ってねじれの発生を抑え、加工精度は長さ2mの材料でも1㎜以内の誤差にとどめる。ゆがみの少ない完成品は削りなどの修正作業が減り、全体的な加工時間が削減できる。高張力鋼板（ハイテン材）の製缶、溶接も同様に対応可能。ハイテン材は発生したひずみを戻せない繊細な素材。熱をかけ過ぎると性質が変わり、急激な温度変化が割れの原因になる。同社はハイテン780を用いた厚さ9〜80㎜、長さ約10mの製缶溶接においても水平歪5㎜以内を実現する。「最終的に精度を出すのは人」。秋田社長はこう自信を持って言い切る。

■地域を越えて受注を目指す

人を要とする同社においては現場の若手教育も熱心だ。若手はベテラン技術者とひずみの修正方法について綿密に

佐々木組では超精密な溶接が可能。人がこれらの技術を支える

若手技術者とベテラン技術者がひずみの修正方法などを詳細に確認して作業を進める

打ち合わせをする。加工によって起こる変化を想定し、最適なアプローチをともに考えて作業に入る。ベテラン技術者もノウハウを惜しみなく伝える。ただ「一人前に育つには最低でも5年はかかる」と秋田社長。自動化できる部分は機械で効率化したい考えだ。

近年は設備投資も活発で、2016年には精密製缶の工程に3次元測定器を導入。生産管理システムも入れ、図面の受け取りから製品出荷まで一元管理する体制を築いた。今後、溶接の自動化やニーズが高まっている機械加工の充実も検討する。現在は80~90%が地元受注だが、「得意分野は地域を問わずやっていきたい」と秋田社長。将来は自社製品も生み出したいと意気込む。

記者の目

女性もモノづくり企業へとまい進

愛媛県新居浜市の「新居浜ものづくりブランド」にも精密製缶・溶接技術で登録されている元気な企業。秋田社長は愛媛県の鉄工所では珍しい女性の経営者で新風を吹き込んでいる。チャレンジの姿勢を崩さず、さまざまな素材、加工に取り組む。女性も、積極的にモノづくりに取り組める企業を目指す秋田社長のもと同社の飛躍が期待される。

会社概要

所　在　地：愛媛県新居浜市磯浦町 9-22
電話番号：0897-37-3556
設立年月：1980 年 5 月
事業内容：一般産業機械の製缶・配管製作、一般機械品の製缶・機械加工・組立・配管据付工事
売　上　高：4 億 4000 万円（2017 年 3 月期）
事　業　所：本社・工場

URL：http://www.sagumi.com/

世界の食文化に先端技術で貢献する総合食品機械メーカー

㈱サタケ

サタケは精米プラントで世界トップシェア。米以外にもムギやトウモロコシ向けの機械や環境保全設備のほか、東北新幹線の電車にも採用された独自開発のＳＩＭモーター、「マジックライス」「ＧＡＢライス」などの消費者向け最終製品まで、手がける領域は広い。１８９６年に初代社長、佐竹利市氏が日本で初めて動力精米機を考案して以来「世の中にないモノをつくる」をモットーに、人々に喜んでもらう技術開発を心がけている。

現在売上の50％は海外、サタケの機械は世界約１５０カ

代表
佐竹 利子 氏

社是・理念

「一つ、我らには世界最高の商品を開発普及する使命がある。」

「一つ、我らには顧客への奉仕と文化の向上を期する責任がある。」

「一つ、我らには総親和のもと会社と従業員の繁栄を計る義務がある。」

国で稼働している。世界企業となった同社だが、今でも大切にしている基本精神がある。それは「不可能はない」「謙虚である」「気のつく人になる」のサタケ精神。この精神を徹底させることで技術開発力を高め、ユーザーニーズを的確に捉え、信頼される会社となり、サタケを世界企業へと押し上げたと言っても過言ではない。

■強みを生かし海外展開にアクセル

国内の米消費量が減少傾向にある一方、世界に目を向けると本格的な市場開拓はこれからと言ってよい。これまで国家事業レベルや大企業のプラントが主なターゲットだったが、それ以外の裾野はかなり広い。今後はここに対してもの積極的な投資も行っていきたいとする。それには、これまで以上にきめの細かい取り組み、例えば海外代理店の開拓や、ターゲットに適合した製品群が求められる。併せて、

海外の精米工場。サタケの機械は世界各国で稼働している

東広島市に構えるサタケクリスタルビル

世界で活躍できる人材の育成や人員を増強し、将来の経営安定を図っていく。

国内に目を向ければ、過疎化や高齢化で地方経済は疲弊している。サタケは農村の活性化にも力を注いでいる。東広島市豊栄町をモデル地区に取り組む「豊栄プロジェクト」もその1つ。産学官民が連携し元気なまちづくりや雇用の創出を通して、地域を幸せにする取り組みだ。空き家を活用して、人のつながりや里山の魅力発信のための交流・情報発信拠点づくり、6次産業化促進などに取り組んでいる。このような地域活性化に関わることは、これまで「お米」を通して農村や農家と深くかかわってきたサタケだからこそできることも多く、今後の展開が期待される。

記者の目

社員と家族を大切にし、能力を引き出す

サタケは、他に先駆けて社内保育室の設置、男性の育児休暇制度、さらに「イクじい・イクばあ休暇」を設けるなど、社員とその家族を大切にする会社である。働きやすい職場は、男女を問わず能力を十分に発揮できる会社と言えるだろう。そこにサタケ精神が相まって、「世界の食文化への貢献を目指す」原動力となっている。

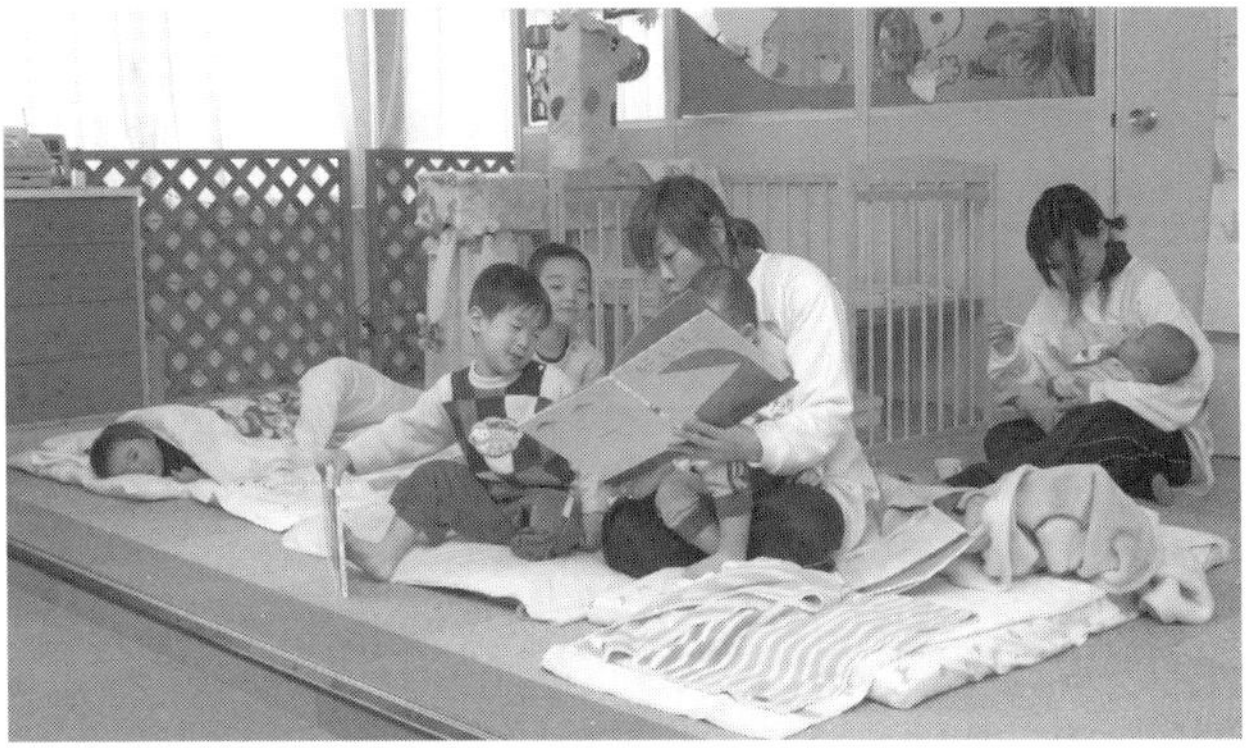

会社概要

所　在　地：広島県東広島市西条西本町 2-30
電話番号：082-420-0001
設立年月：1896 年 3 月
事業内容：食品産業総合機械、プラント設備および食品の製造販売
売　上　高：481 億円（2017 年 2 月期・グループ連結）
事　業　所：本社／営業所（国内 16 拠点、海外 12 カ国 17 事業所）

URL：http://www.satake-japan.co.jp/

円筒研削盤の専業メーカーとして工作機械業界で存在感

㈱シギヤ精機製作所

シギヤ精機製作所は円筒研削盤の専業メーカー。円筒研削盤は高速回転する研削砥石を円筒の工作物に当てて加工する工作機械。織機製造での創業から100年以上の歴史を誇るが、約60年にわたって円筒研削盤づくりに挑戦し続け、キラリと輝く存在感を放つ。円筒研削盤は回転・位置決め精度といった要素技術、実際の研削加工での寸法・仕上げ精度などを高める加工技術に加え、周辺機器を組み合わせて最適化する設計・制御技術を駆使して製品化される。同社ではオーダーメードの機械が多く、これらに応える技

代表取締役社長
鳴谷　憲和 氏

社是・理念

良い環境　良い製品　良い人生

術力と匠の技によるキサゲ、保有する高精度かつ最新の加工機と測定器が一体となり、高精度・高品質な一品一様のモノづくりを可能としている。

顧客は自動車や一般機械、建設機械など幅広い。しかも納入先は国内外の大手企業が多い。これはシギヤ精機製作所の社員にとっても、基幹産業への貢献とともに日本のモノづくりを支えるという誇りとなり、励みとなる。そして円筒研削盤をPRする社員の仕事ぶりもこだわりがある。

■きめ細かいアフターサービスに的

円筒研削盤の専業メーカーとしての強みを生かすのがシギヤ精機製作所の営業スタイル。単に機械を売る営業ではなく、赴いた顧客のもとで技術面を中心にした、きめ細かいアフターサービスを実施できるセールスエンジニアとしての人材育成が可能としている。また、「機械を知り尽く

シギヤ精機製作所は円筒研削盤が主力

アフターサービスが強み。写真は社内研修の様子

した営業マン」として常日頃からのサポートで顧客の信頼を勝ち取るという狙いもあり、その育成に力を入れている。新入社員は4月から12月末まで営業、技術、製造など各部署で実践教育を交えてローテーションし、人事担当者と月2回面談して希望や適性を探り、翌年1月から〝適材適所〟に正式に配属されて仕事に励む。

同社の円筒研削盤は世界にも供給される。現地法人は米国やタイ、中国、韓国、台湾などに構える。海外でも販売とともにアフターサービスの拠点を設け、海外に拠点がある日系メーカーなどのグローバル戦略を支援する。韓国では円筒研削盤のオーバーホールに力を入れ、台湾では合弁会社として組立工場を設けるなど、現地のニーズに応じたサービスを充実させている。

記者の目

これからも円筒研削盤のDHとして自動車業界を支える

高需要が続く工作機械で、円筒研削盤の「DH（専門打者）」として存在感を発揮するシギヤ精機製作所。主力供給先の1つとなる自動車業界が電気自動車（EV）化など変革の時を迎える中、これらの顧客が高精度な製品をつくるために同社が技術力でサポートする。100年以上培ってきた歴史と同様、こうした姿勢は変わらないだろう。

会社概要

所　在　地：広島県福山市箕島町5378
電話番号：084-954-2961
創業年月：1911年11月
事業内容：円筒研削盤・眼科眼鏡機器の設計・製造・開発ほか
売　上　高：78億円（2018年3月期見通し）
事　業　所：本社工場／東京営業所、名古屋営業所、大阪営業所ほか

URL：http://www.shigiya.co.jp/

中小物プレス部品、高付加価値化戦略で成長

住野工業㈱

1906年創業の老舗企業。創業時は足袋をとめる小さな金具「こはぜ」を生産しており最盛期には全国シェアの約40％に達した。本社の入口ホールに飾られているこはぜ生産の自動機は、5つある生産工程をカラクリ仕掛けにより1つの動力でまかなう。今も同じ仕組みでこはぜ生産を続けており、生産技術開発にかけた同社の姿勢を象徴する機械と言えよう。現在の主力は自動車の中小物プレス部品。売上高の約8割をマツダ向けが占め、残り2割は部品メーカー経由で国内の全乗用車メーカーと取引がある。生産す

社是・理念

≪社是≫
和を尊び
誠意を尽し
創意工夫に努む
≪経営理念≫
お客様第一主義
社員の福祉の充実
社業を通じ社会に貢献

代表取締役社長
住野 正博氏

る部品の種類はさまざまあり、部品を固定するための金具や可動部品の位置を決める金具など。マツダの「スカイアクティブ」には同社の部品が1台につき100〜150種類が使われている。月産生産個数は約950万個、約1800種類に上り、これらが1つでも欠ければ自動車はつくれない。まさに隠れた実力派企業だ。

■モノづくりでみんなを笑顔に

同社が力を入れているのが高付加価値部品へのシフト。単にプレス工程だけではなく、上流の金型設計製作や下流に当たる塗装や溶接組立までこなせる体制を整えてきた。特に精密深絞りと精密打ち抜き加工に関しては、金型を内製して他社との差別化を図ってきた。深絞り部品の例にはモーターケースやポンプのインペラ、精密打ち抜き部品では変速機のガイドプレートや、変速機の歯止め部品（パーキングポール）

こはぜを生産する自動機。
5工程を1つの動力源でこなす

複数のプレス機械が立ち並ぶ高宮工場

などがある。切削加工からプレス加工への置き換えや、複数部品を1つにまとめることなどでコスト削減を提案し採用された例も多い。営業・開発・生産の各部署が一体となって創意工夫に励んだ成果だ。同社部品は付加価値の高いパワートレイン機器に採用される例が増えてきており、以前は国内売上高の25%程度だったのを33%まで伸ばしてきた。海外展開も積極化し2008年に中国、13年にはタイに工場進出している。

現在、20年までの中期経営計画を遂行中。収益構造と事業構造、営業・技術力、企業力の4点の強化で事業規模を維持しつつ収益を確保する計画。「モノづくりを通じて笑顔を創造する会社にしたい」と住野社長。若く前向きなリーダーシップで次の100年経営を率いていく。

記者の目

高付加価値化、正しい方向性

中 小物部品は自動車の設計プロセス上、どうしても後になって仕様が固まることが多い。設計変更が多いため柔軟な対応が求められる部品メーカーにとっては難しい分野だ。中核のプレス技術を磨きつつ、上流と下流の工程を取り込んだり付加価値の高いパワートレイン部品を強化したりと、住野工業の取ってきた方向性は正しいと思える。

会社概要

所在地：広島県広島市西区商工センター 8-1-62
電話番号：082-278-0010
創業年月：1906年2月
事業内容：自動車用中小物精密プレス溶接部品、および足袋のこはぜの生産販売
売上高：93億8400万円（2016年12月期）
事業所：本社／工場（本社、第2、高宮、中国青島、タイ）

URL：http://www.sumino.co.jp/

3分野の機械部品向けに鋳造品を供給

㈱田口鋳造所

1954年に個人経営による一般鋳鉄の製造で創業。70年には工場拡張に伴い、現在の本社所在地に移転。本社工場は協同組合福山鉄工センター内にある。同センターは広島県福山市内の鋳造や製缶、機械、プレス、シャーリング、熱処理の工場群で、優良企業15社の工場集団化計画にもとづき、中小企業振興事業団と広島県の融資を得て設立した。

現在、この場所で田口鋳造所は、自硬性フラン樹脂を用いた造形ラインにて、単体重量が数kg~8tまでの鋳造品を手がける。現在地への移転後は、旧事務所跡地での工場

社是・理念

品質と納期の順守

代表取締役
田口 裕以 氏

増築や木型作業場の設置、原材料置き場の拡張に加え、2・5t級の高周波炉の設置・増設やミキサーの増設といった設備体制を充実。併せて、分光分析機や発光分析装置や3次元CAD、鋳造方案シミュレーションシステムの導入、非破壊検査への取り組みなど検査体制の基盤も固めている。手がける鋳物製品は工作機械や産業機械、船用関連向けが中心。田口社長が「それぞれの業種向けの割合は約3分の1ずつ」というバランスの取れた構成となっている。

■鋳鉄素材の開発で製品軽量化を実現

鋳造製品の製造で扱う主な材質は、ねずみ鋳鉄と球状黒鉛鋳鉄が中心。特に厚肉鋳物を得意としており、耐圧力部品などに使用されている。さらに耐摩耗性を重要視するシーブなどの鋳物素材の硬度範囲指定にも対応できる強みがある。船用関連向けでは国際化の観点を踏まえ、鋳造工

社名の通り同社は鋳物製造を強みとする。写真は鋳造製造の現場

機械部品などに使われる鋳物製品の数々

場として、日本海事協会（ＮＫ）を筆頭に各種船級の認定を受けており、船用内燃機関向けの重要部品にも多くの納入実績がある。

２００９年度に「中小企業試作開発支援事業所」の認定を受け、主要構造部材に適した実体強度などを保証できる球状黒鉛鋳鉄「Ｔ－αシリーズ材」と、ねずみ鋳鉄「Ｋシリーズ材」という２つの鋳鉄素材を開発した。重量強度比が高くなるため製品の薄肉化への対応が可能となり、機械加工時の切削性も向上し、トータルコストの低減につながる。田口社長は多品種小ロット対応が中心の同社の鋳物製造について「自動化しにくい部分が多いのが強みになっている」と力を込める。

記者の目

技術者のさらなる育成で、より頼られる存在に

「ここ5年ほどで､お客さまから頼られているという手応えがある」と話す田口社長。鋳物製造には経験を積む必要があるため、培ってきたモノづくりが評価されてきたことへの実感が込められている。設備の充実と技能が噛み合い、各分野の機械を鋳造部品で支える田口鋳造所。今後はさらなる技術者の育成に力を入れる方針だ。

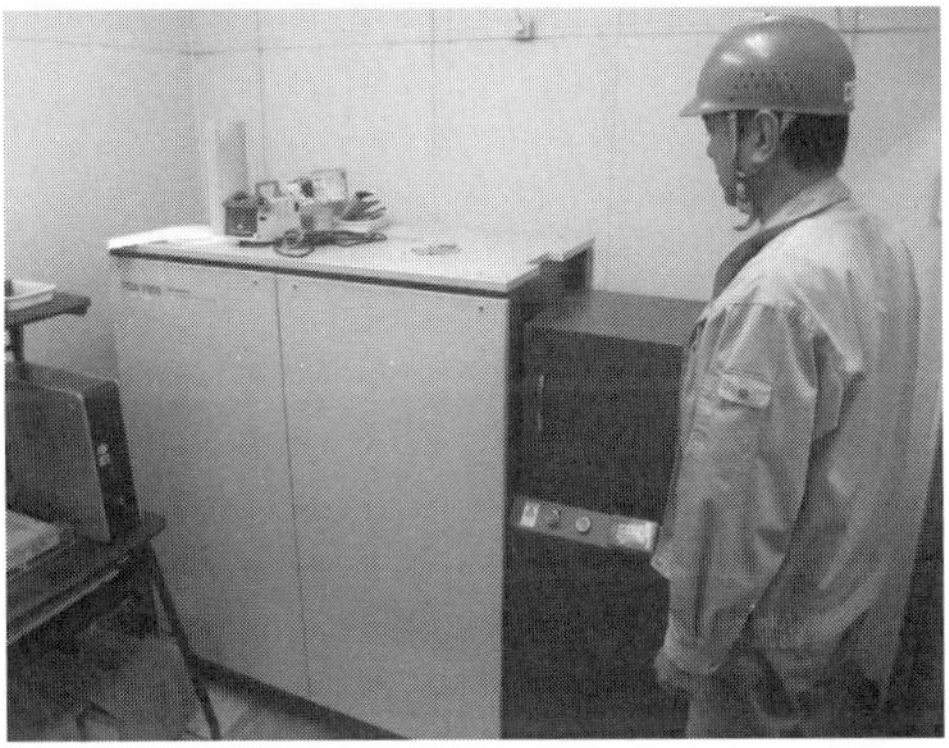

会社概要

所　在　地：広島県福山市千田町 4-18-40
電話番号：084-955-1336
創業年月：1954 年 10 月
事業内容：工作機械、産業機械、舶用内燃機向けなどの鋳造品製造
売　上　高：12 億円（2017 年 9 月期）
事　業　所：本社・工場／大阪営業所、広島営業所

URL：http://www.tagu-foundry.co.jp/

従業員の力が支える金属加工の技術集団

㈱タステム

一歩進んだ金属加工技術を有する企業＝「タカハシ・アドバンスト・スティール・システム」をその名の由来とするタステム。薄板金属加工を得意とし、クレーンなど荷役運搬設備用の運転室で国内トップシェアを誇る。〝従業員の力〟を第一に、技能の伝承と最新設備の導入により競争力を高め、成長を続けている。

タステムは1954年に創業した。住友重機械工業の協力会社として運転室の窓枠をメーンに手がけ、60～70年代の建築ラッシュ期に入ると鉄製の建築資材で業容を拡大

社是・理念

作込真心（真心込めてつくりましょう）
守納期　（納期を守りましょう）
不撓磨業（撓まず技を磨きましょう）

代表取締役社長
高橋 政利 氏

した。92年には金属加工にこだわる集団を標榜し、現社名に変更。成長軌道を走った。

　ところがバブル経済が崩壊し、環境は一変した。現在、同社のかじを取る高橋社長は2004年に就任。建築分野が売上高の7割を占めていた同社は建築不況の直撃を受けていた。そこで人材と既存設備を生かし、鉄工部門の強化を図った。当時、建築資材は出来高払い。キャッシュフローを増やすため、リードタイムの短い鉄工部門の拡大が急務だった。旧来の取引先を中心に丁寧な対応で受注は増加した。一方、社内で設計から塗装、機器の取り付けまで一貫受注できる企業が減る中で、同社はこれを堅持し、「勝ち組として生き残ることができた」と高橋社長は振り返る。現在の売上高のうち鉄工部門が7割を占める。

荷役運搬設備向け運転室は国内シェアトップを誇る

2017年に導入したレーザー加工機

■あるべき姿を描いて改革を推進

「日本全国、さまざまな建物が老朽化する中、建築資材も再び注目される」と高橋社長は見る。鉄工部門の拡大で勢いを取り戻した同社には余力ができた。そこで、機械設備の更新に設計・エンジニアリング体制の見直し、加えて従業員の労働環境の改善、これらを進めながら好機を逃さないよう市場を伺う。２０１７年には大型レーザー切断機を導入し、低コストで効率的に複雑な製缶を可能にする体制も整えた。

「時代のニーズに合わせ、従業員とともに歩む」のが高橋社長の考え。未来の企業像を示し、足りない力は補いながら強い匠の集団をつくり上げる。

記者の目

謙虚さとひたむきな姿勢で従業員を強く結束

毎朝4時に起床し、朝5時半に会社の正門を明ける。経営を引き継いで以来の社長の日課だ。行動で示す謙虚さとひたむきさが従業員を動かし、技術力をフルに発揮して苦境からの再興に至った。「事業主の立場にたまたまいるだけ」と笑う高橋社長のもと、従業員の結束は固い。ちなみにタステム.の「.」は成長企業の字画に合わせるための一字。

会社概要

所　在　地：愛媛県新居浜市政枝町3-2-1
電話番号：0897-37-1111
設立年月：1958年7月
事業内容：金属加工製品の設計・製造・販売
売　上　高：12億5500万円（2017年6月期）

URL：http://www.tastem.co.jp/

精密加工への挑戦が市場を拓く

ツウテック㈱

ツウテックは切削を中心に精密機械加工を手がける。納期と品質、コストに競争力を持ち、小回りの良さを武器に事業を拡大してきた。設立は1990年で、現在は土佐電子工業の全額出資子会社。地元大手電機メーカーの工場閉鎖で厳しい時期を経験したが、愛媛県外を含めて広域に受注活動を展開し、2005年頃から勢いを取り戻した。現在はエレクトロニクス分野を中心に航空機部品や半導体製造装置部品、FA機器部品など手がける領域は広がり、厳しい時代から従業員数は約2倍、売上高は約3・5倍に拡

社是・理念

ツウテックにとっての最大の喜びは「今、必要なもの」をお客様にお届けできることです。

代表取締役社長
増田 和俊 氏

大した。

「現場のみんなが新しいモノに挑戦したがる風土がある」。増田社長は高度な技術の背景を解説する。工場内に遊んでいる機械はない。空いた機械があれば受注品の加工でなくても誰かが何かを削っている。複雑な加工にチャレンジし、仕上がれば加工品はサンプルとして提案に使う。このサンプルが大手企業の目に止まるようになった。取引先の拡大に伴い投資計画も変わった。従来は受注が決まってから設備投資をしていたが、今は先行投資型へと移行。「これがあればより高度な加工ができる」という機械なら積極的に導入する。17年4月に稼働した桜三里新工場は加工領域をさらに広げる中で建設に踏み切った。

■新工場で新たな領域へ

同工場には超微細加工ができる高速加工機を導入した。

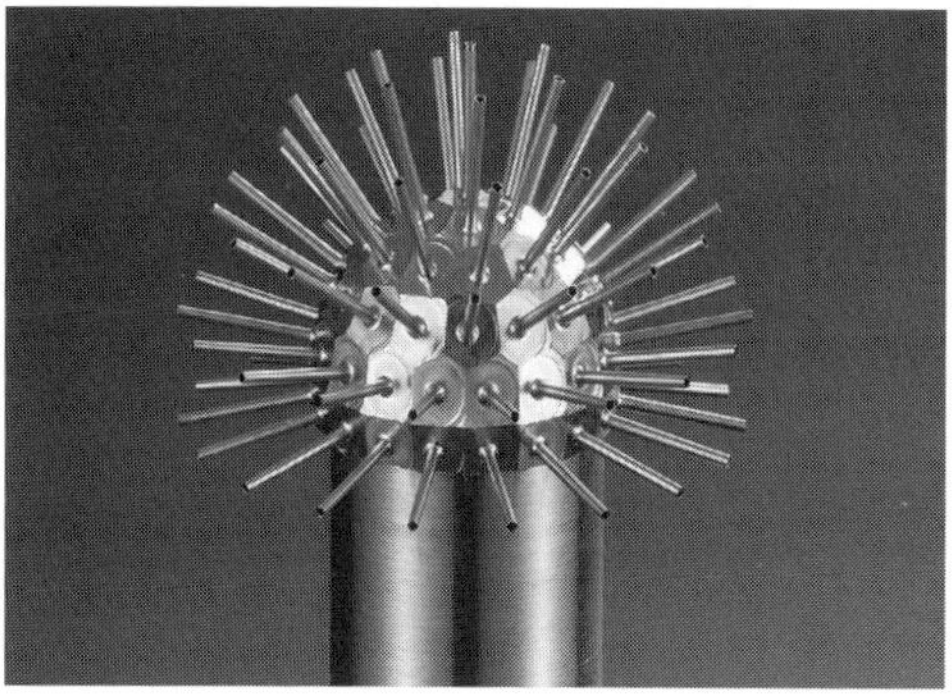

2012年にDMG森精機「切削加工ドリームコンテスト」で金賞を受賞した薬液噴射ノズル

桜三里新工場でさらなる精密加工が可能となった

分解能が0・25nmのソフトスケールを内蔵しており、1~2μmの加工精度を追求することができる。工場内は恒温管理し、クリーンルームの検査場も設けた。従来はハード的に対応できなかった加工でも新工場が解決する。「新工場は営業ツールにもなる」と増田社長は自信を見せる。

2016年、同社はアーチェリー競技の的を固定するピン「テックピン」を自社ブランドで製品化した。初めての自社製品。17年開催の「愛顔あふれるえひめ国体」で採用され、次の国体でも使われる予定だ。目標はオリンピックだが、「可能性はないこともない」と増田社長。さまざまな挑戦を続け、ツウテックにしかできないモノづくりを目指す。

記者の目

現場の伝統が好循環をつくり、新たな分野に挑む

「できないことをやる」「失敗を怒らない」「うまくなれば最新の機械を使える」。こうした現場の伝統が若手の挑戦意欲をかき立てる。さらに、この成果物が新たな仕事を呼び込み、ツウテックには良いサイクルが回っている。会社自体として「テックピン」という異分野にも果敢に取り組む挑戦者。この活発な動きから目が離せない。

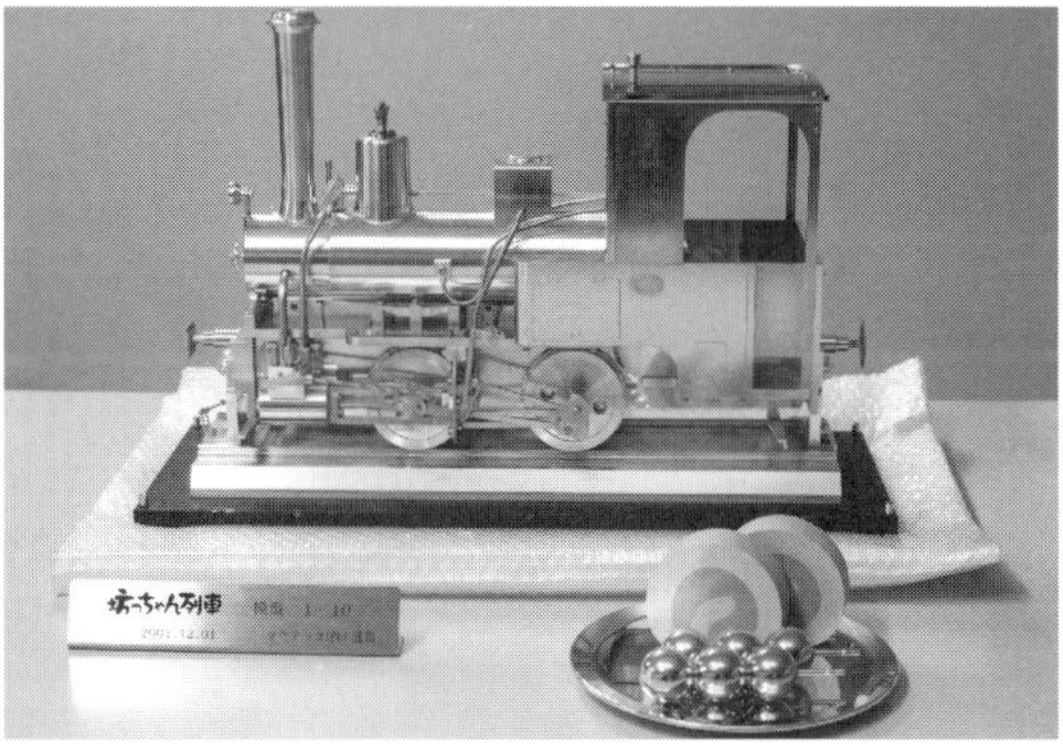

会社概要

所 在 地：愛媛県東温市南方 2195-7
電話番号：089-966-4040
設立年月：1990 年 4 月
事業内容：航空宇宙部品、半導体製造装置部品、各種精密加工部品の設計・製作
事 業 所：本社工場、桜三里工場
売 上 高：9 億 2000 万円（2017 年 3 月期）

URL：http://two-teq.com/

大型プラントづくりで100年の歴史

㈱寺田鉄工所

寺田鉄工所は1917年に鉄骨構造物やボイラーなどを製造する鉄工業会社として創立。福山から府中につながる現在のJR福塩線の前身・備後軽便鉄道の給水タンクなどを製造していた。こうしたノウハウを生かしてタンク車や貨車の製造にも乗り出した。その後、石油化学や製鉄のプラント用機器、圧力容器や鏡板の製造に進出した。51年の株式会社化を経て65年に現在の本社がある新浜工場を開設。電力会社向けの排煙脱硫装置など、大型機器の施工なども取り扱う総合プラントメーカーとしての地位を確立し

社是・理念

最小の人と時間で最大の経済効果を得る
産業文化の発展と地球環境の保護に貢献する

代表取締役
寺田 雅一 氏

てきた。こうして培ってきた同社の歴史を寺田社長は「時代の変化を捉えたモノづくりをしてきた」と力を込める。

福山港に近い海に面した新浜工場は従来からの１５００ｔプレス機に加え、高精度な5面加工機や横中ぐり盤の導入により製缶や板金加工、大型機械加工から現地据え付け工事に至るまで一貫生産ができる体制が整った。これにより大型液晶テレビなどのガラス基板製造向けの真空チャンバーなども製作できる。また、最大80ｔの門型クレーンや船積み場を備えており、陸上輸送が困難な製鉄設備など大型機器を製作できることも大きな強みとなっている。

■太陽熱利用機器がもう1つの柱に

「今後成長が見込める」と、ここ最近、寺田社長が力を入れるは、２００8年から始めた再生可能エネルギーの1つである真空管式太陽熱集熱器や太陽熱温水器などの太陽熱利

設備投資を支える
技術力が強み

船積岸壁を備える本社工場

用システム機器だ。業務用機器の太陽熱集熱器として供給する「ソラリス」は、複数枚を接続することで大規模設備への使用が可能。老健施設や病院などに向けたボイラーの省エネシステムとして利用されている。また、公共施設やオフィスビル、学校、大型商業施設では吸収式や吸着式冷凍器などと接続した太陽熱冷暖房装置（ソーラークーリング）や太陽熱で除湿するデシカント空調機として利用されている。他には、家庭向けにも水道直結式太陽熱温水器「サントップ」や自然循環式太陽熱温水器「サナース」などがある。

今後は「新たに開発した太陽を追尾する大型トラフ式集熱器で海水を蒸発・淡水化する装置や太陽熱発電などの新たな分野を目指したい」と寺田社長は意気込む。

記者の目

事業の両輪が噛み合い、次の100年へ

創業100年を超えた寺田鉄工所は、ニーズを捉えたモノづくり力で外部環境の変化に伴う荒波を乗り越えてきた。ソーラー関連は社長直轄の組織として、機動力を備えていることも事業が軌道に乗った要因だ。主力の設備投資業に加え、太陽熱はソリューション提案でビジネスの幅が広がりつつあり、事業の両輪が噛み合っている。

会社概要

所在地：広島県福山市新浜町2-4-16
電話番号：084-953-0556
創業年月：1917年5月
事業内容：プラント関連機器、産業用機械の製造、太陽熱利用システムの設計・製造ほか
売上高：8億円（2017年7月期）
事業所：本社／本社工場

URL：http://www.terada-tekkousho.jp/

最先端の技術開発を支えて、夢をかたちに

㈱東洋高圧

汗（水蒸気）を通して雨を通さない防水材料や特殊フィルターなど、新素材の開発によって便利で豊かな生活が創造されている。こうした新しい素材や製品の開発段階などで、超高圧・超高温、また超臨界状況下での処理が深くかかわっている。例えれば深海数万ｍの世界。その状況下では物質も変化し、陸上では不可能な物質の分離、抽出や合成ができる環境にあるという。その環境を陸上で再現し、さらに細かい調整ができるとすれば、さまざまな可能性が広がるだろう。それを可能にするのが東洋高圧の技術力だ。

社是・理念

研究者の発想を装置に

代表取締役社長
野口 琢史 氏

同社は現在600MPaの状況をつくり出す超高圧加圧装置を開発している。600MPaは地球上には存在しない深海6万mに相当する。この装置のわかりやすい効果の1つが圧倒的な殺菌作用。食材の菌数を計測不能なレベルまで下げられ、添加物を加えることなく菌の繁殖を抑制できる。また常温で処理するので食品独自の風味も損なわれにくい。このほか二酸化炭素や水を高圧・高温にして超臨界という特殊な状況をつくり出す超臨界装置も開発し、国内シェア45%を誇る。これらの装置はエネルギー、医療、薬品、食品など広い分野で最先端の技術開発を支えている。

■世界でたったひとつのマシンづくり

ユーザーは研究機関や大手企業の研究開発部門など。研究開発のための装置の設計、製作依頼が主。中には他では手に負えない難しい案件も寄せられる。しかも用途は千差

特殊環境をつくり出す超高圧加工処理装置600MPa5L

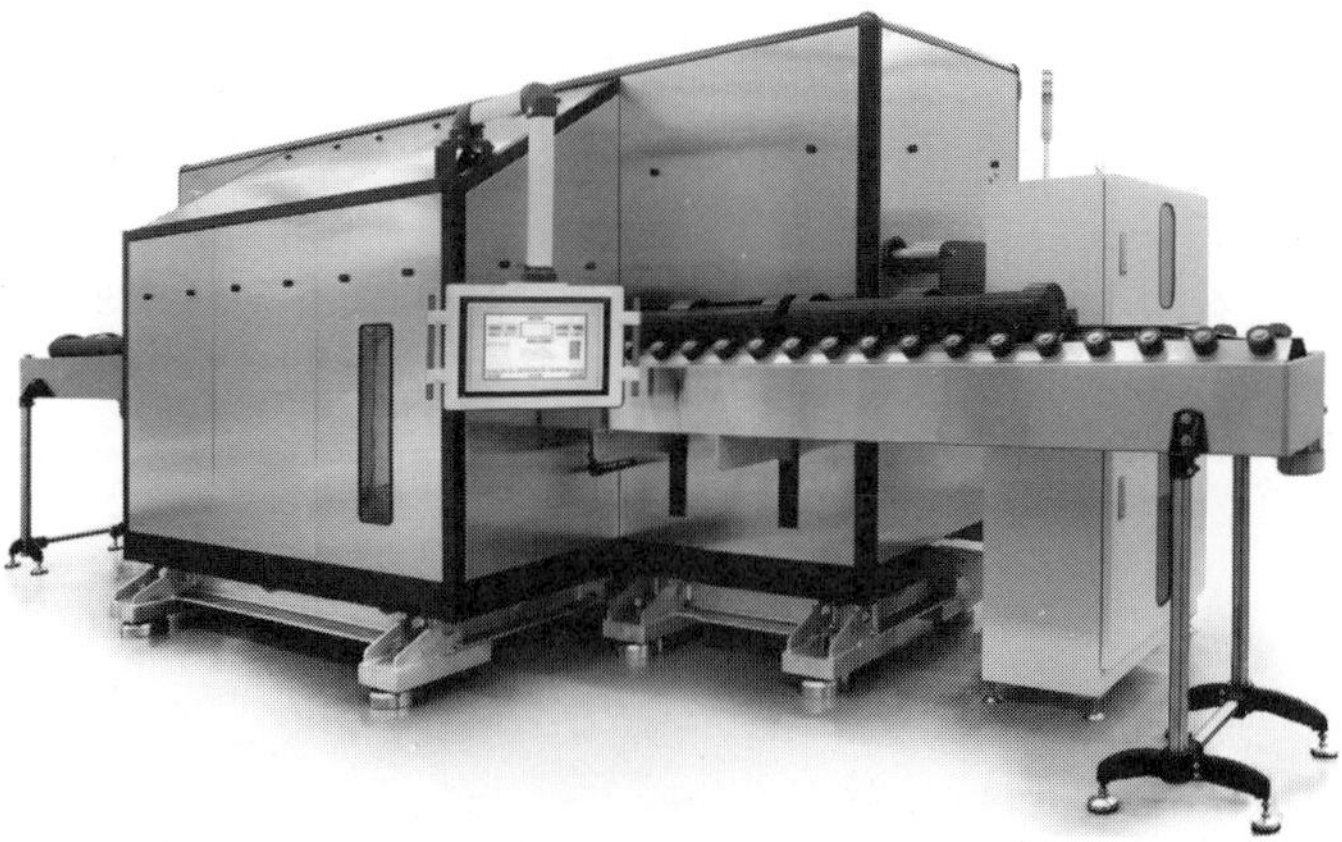

大容量化した超高圧加工処理装置 600MPa50L

万別で、それぞれ素材も違えば条件や環境なども違うが、これらの難しい案件を真摯に解決していく。「このチャレンジする姿勢が大切で、それを1つひとつクリアして、社員には常にワンランク上の仕事を目指してほしい」（野口社長）としている。時代の要請に応えるように現在600MPaの超高圧加圧装置の大容量化も進めている。開発段階では5ℓだったものが、現在では50–100ℓでの加圧も可能になった。従業員ひとり一人のスキルアップに加え、今後のユーザーの難しい要望にも応えるために加工設備の高度化・大型化にも取り組んでいる。そうして〝できること〟を増やし、研究開発企業としての存在価値をさらに高めていくという。

記者の目

チャレンジ精神で技術力を日や向上

東洋高圧の高温高圧化学装置は研究機関や大手企業の研究者からの依頼によって設計、製作される。すべてが特注品であるだけにマニュアル化が難しく、技術伝承が難しい。それが課題ではあるが、難しい案件を克服して数をこなすことで技術力は日々アップしていく。野口社長のいう「チャレンジする姿勢」が何よりも重要になるだろう。

会社概要

所在地：広島県広島市西区楠木町 2-1-22
電話番号：082-237-6255
設立年月：1974 年 4 月
事業内容：高温高圧化学装置の設計・製作、化学機器、理化学機械の設計・製作ほか
売上高：12 億円（2017 年 8 月期）
事業所：広島本社・工場、八本松工場、東京支店

URL：http://www.toyokoatsu.co.jp/

積極投資で顧客ニーズに応える熱処理のデパート

㈱ナガト

硬さや粘り強さ、加工のしやすさなど、金属の性質を引き出すために必要不可欠なのが熱処理。ナガトはさまざまな熱処理を手がけることから「熱処理のデパート」と呼ばれる。創業者が1960年に広島で熱処理事業を開始。今では社員数約180人を抱え、東は愛知県から西は山口県の防府市まで国内8工場、海外にも中国とタイに工場を構える熱処理の業界大手に成長した。デパートという名の通り、ナガトが手がける熱処理は多様。コンベヤ式の連続炉で大量の素材を処理する焼き入れ・焼き戻しに始まり、鋼を柔ら

社是・理念

1. 高い技術と管理システムで、お客様にご満足いただける製品、サービスを提供する。
2. 地球環境、地域社会との調和を配慮し、心豊かな暮らしの実現を目指す。
3. 変化へ迅速な対応をし、白らの革新を図りながら常に新しい可能性へチャレンジし企業の発展に寄与する。

代表取締役社長
内田 弘之 氏

かくして加工性を高める焼き鈍し、鋼の表面に炭素を浸み込ませて表面の硬度を高める浸炭焼き入れ、炉に入らないような大型部品を一品ずつ職人がバーナーであぶる炎焼き入れなどまで手がける。熱と火の力を借りて、金属組織を思うがままにコントロールする同社の熱処理技術は奥が深い。

■看板技術の高周波焼き入れ

内田社長自身が「ナガトの看板技術」と位置づけるのが高周波焼き入れ。処理する部材の外側に巻いたコイルに高周波電流を流し、誘導加熱（ＩＨ）の原理で部材の表層部に渦電流を発生させ、抵抗熱で焼き入れする。表面のみに焼き入れできるため短時間で済み、きわめて高効率。部材の変形も抑えられる。強みは使用するコイルを内製するため低コストで短納期な点。また独自開発した「液中高周波焼き入れ」の技術により、表面から１㎜だけ焼き入れする

海田工場（広島県海田町）の焼き入れ・焼き戻しライン

海田工場（広島県海田町）の浸炭炉

といった精密な処理を可能にした。

ナガトの成長は、投資戦略の効果も大きい。熱処理設備はコンベヤ式で1億5000万円はする高価なものだが、採算に乗るとみたら積極投資してニーズに応えてきた。その最新事例が山口県岩国市由宇町で2018年中に稼働する新工場。顧客で変速機部品を手がけるオンドの岩国工場の中に進出する。オンドは歯車など熱処理が必要な部品を同工場で集中生産する計画で、ナガトは顧客と一体となって成長を支える。

目下の課題は若手社員の採用と育成。ナガトでは国家資格である金属熱処理技能士の受検支援をはじめ各種社内試験を整備し人材育成の仕組みを整えてきた。今後も人が鉄鋼製品を必要とする限り、ナガトの出番はあり続ける。

記者の目

後継者育成に知恵を

熱処理は金属製品の性能を確保するうえで必要不可欠な技術。ただし何かを形にする技術ではないため重要さが伝わりにくい。また、最新設備を導入しても、人の技能がなければいい仕事はできない難しい技術でもある。業界全体が慢性的な人手不足というが、日本のモノづくりの品質を保つためにも後継者育成に知恵を絞るべきだろう。

会社概要

所在地：広島県広島市南区大州 3-6-24
電話番号：082-282-4361
創業年月：1960 年 5 月
事業内容：表面改質・熱処理、機械加工
売上高：74 億 3714 万円（2017 年 6 月期）
事業所：本社／工場（本社、海田、沼田、志和、黒瀬、防府、東海、刈谷、中国無錫、タイ）

URL：http://www.nagato-ht.co.jp/

自動車内装部品、独自技術で付加価値高める

南条装備工業㈱

マツダ系自動車部品メーカーの中でも、最近元気だと評判なのが南条装備工業だ。ドアトリム（ドアの内張材）で高いシェアを誇ってきたが、近年では独自技術を生かして高級感を高めた内装部品を開発。「スカイアクティブ」で知られるマツダの現行商品群すべてに搭載されるなど攻勢を強めている。

同社の社風としてあげられるのが技術への強いこだわり。「いい技術であれば、社外のものでもアプローチする積極性がある」と山口社長は話す。その代表例が樹脂成形

社是・理念

「人」　私は社員一人ひとりの夢や個性そして創造性を尊重し、仕事を通じて人が成長し続ける企業を目指します。

「感動」　私達は最高の技術と理想の物づくりを追求し、提供する商品を通じてお客様に感動を与え続ける企業を目指します。

「信頼」　私達は公正で誠実な企業活動を重んじ、社会から信頼され続ける企業を目指します。

代表取締役社長
山口 雄司 氏

技術「NPM（南条プレスモールディング）」。通常の射出成形が高圧で閉じた金型に熱した樹脂を高圧で注入するのに対し、NPMでは金型を少し開いた状態で樹脂を送り込み、プレスして仕上げる。大物部品でも安定して成形がしやすい、成形機の小型化が可能となりコストが低減できる、射出圧力が低いため人工皮革や布といった表皮材と樹脂を容易に一体成形できるなどメリットが多い。住友化学工業の基本特許をもとに独自に実用化したもので、ドアトリムでの高シェアを実現したコア技術となっている。

■本革部品の高級感を再現

ここ最近の躍進の原動力となっているのが、セラシボ金型と3次元縫製を組み合わせた内装部品。セラミック素材を使用した特殊金型で、軟質塩ビ樹脂を射出成形してステッチを施したもの。コストを抑えながらも本革の手触り

独自の樹脂成形技術「NPM」の成形機。小型化・低コスト化が可能

2014年に広島県安芸高田市に開設した開発拠点
「南条グローバルイノベーションセンター（NGIC）」

感と精緻な手巻き表現により高級感を再現したことで、すべてのスカイアクティブ車に採用された。また、海外では他メーカーの車にも採用が広がっている。

開発力を高める取り組みも加速している。2014年には八千代工場内に開発拠点「南条グローバルイノベーションセンター（NGIC）」を開設。併せて、R&D本部の中にデザイン専門のチームを設けるなど、技術力やデザイン力を鍛えることで自動車メーカーへの提案を積極化してきた。山口社長は「社員全員がこの会社で働けて良かったと思える会社にしたい」と話す。そのためにも、安全やガバナンスのルール策定や生産技術の工夫を進め、より楽しく仕事ができる環境をつくりたいと力を込める。

記者の目

ひと皮むけて成長を

自動車の内装部品といえば厳しいコストダウンの矢面に立つ製品というイメージが強い。だが南条装備工業は、こだわりをもった独自技術で、徐々にではあるがマツダ以外の他社との取引拡大にも漕ぎ着けている。若い人がのびのび働いているイメージがある。自社に厳しい姿勢を崩さない山口社長のもと、さらにひと皮むけることを期待したい。

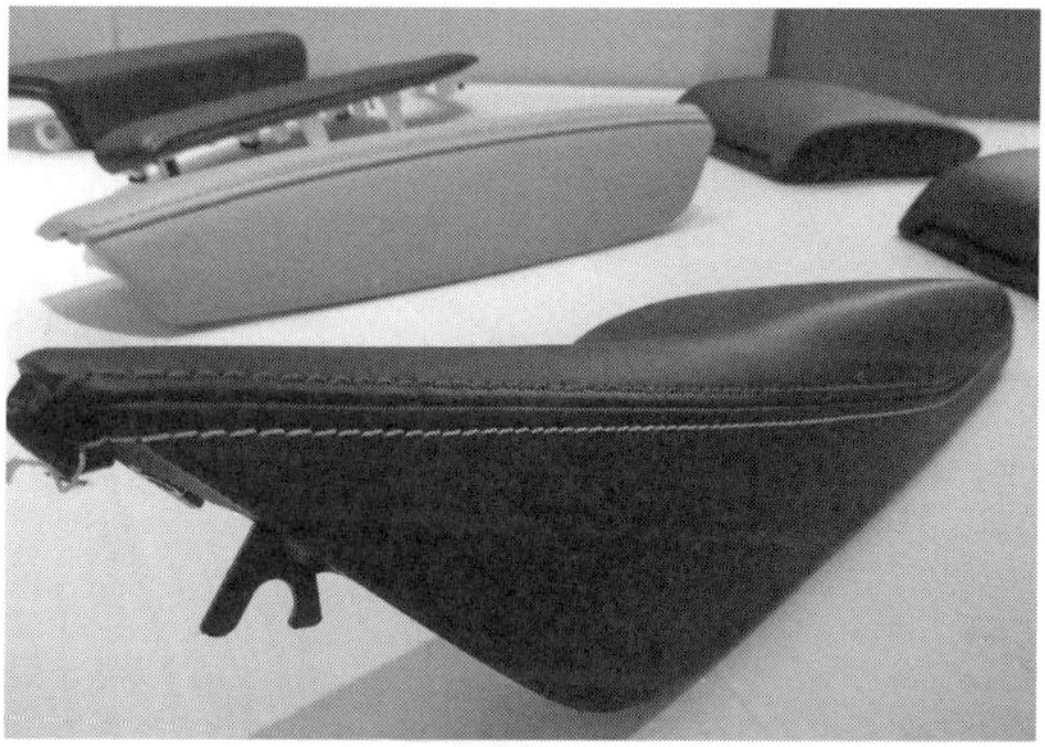

会社概要

所　在　地：広島県広島市南区西荒神町 1-8　テリハ広島 5 F
電話番号：082-568-0150
創業年月：1965 年 2 月
事業内容：自動車内装部品の開発、生産、販売
売　上　高：257 億 4900 万円（2016 年 12 月期）
事　業　所：本社／工場（八千代、八千代第二、山口、防府、メキシコ、中国広州、中国南京、フィリピン）

URL：http://www.nanjo.co.jp/

グループ力で独自のモノづくりを目指す

㈱西岡鉄工所

西岡鉄工所は薄板板金加工技術を軸に制御盤や各種産業機械のカバーの製作を手がける。関連会社の大型クレーンを中心とする各種産業機械の制御盤の設計・製作を行う西機電装と「西岡ならでは」のモノづくりを追求する。

西岡鉄工所は1933年に創業した。住友重機械工業の塗装などを担い、37年に自前の工場を設立すると、その協力工場としてさまざまな金属加工の仕事を手がけた。戦後は制御盤や箱モノが中心となり、これが現在の事業の根幹となっている。企業としての西岡鉄工所は61年の設立。そ

社是・理念

「優秀な製品をつくり続けることでお客様へ満足を提供する企業であること」が両社の共通理念である

代表取締役社長
西岡 圭 氏

して、制御盤の仕事が増える中で設けた電装部門を83年に独立させたのが西機電装だ。

一時期は西機電装が製缶業務をグループ外に発注するなど両社の独立性は強かった。ところが、環境が変化する中、協力体制が必要との考えのもと両社は連携を強化。対応可能な仕事をグループで回すようになった。小屋サイズの箱に必要なすべての制御盤を配し、納入先での複雑な配線作業を不要にした西機電装の「ユニット型制御盤」は、こうした連携から生まれた成果の1つだ。

■薄物への特化で競争力を獲得

現在、両社を率いる西岡社長は2005年に就任。バブル崩壊の影響から脱し、成長軌道に戻っていた時期だったが、10年頃に今度は08年のリーマン・ショックの影響が色濃くなった。造船分野が伸びていた西機電装は影響が小さ

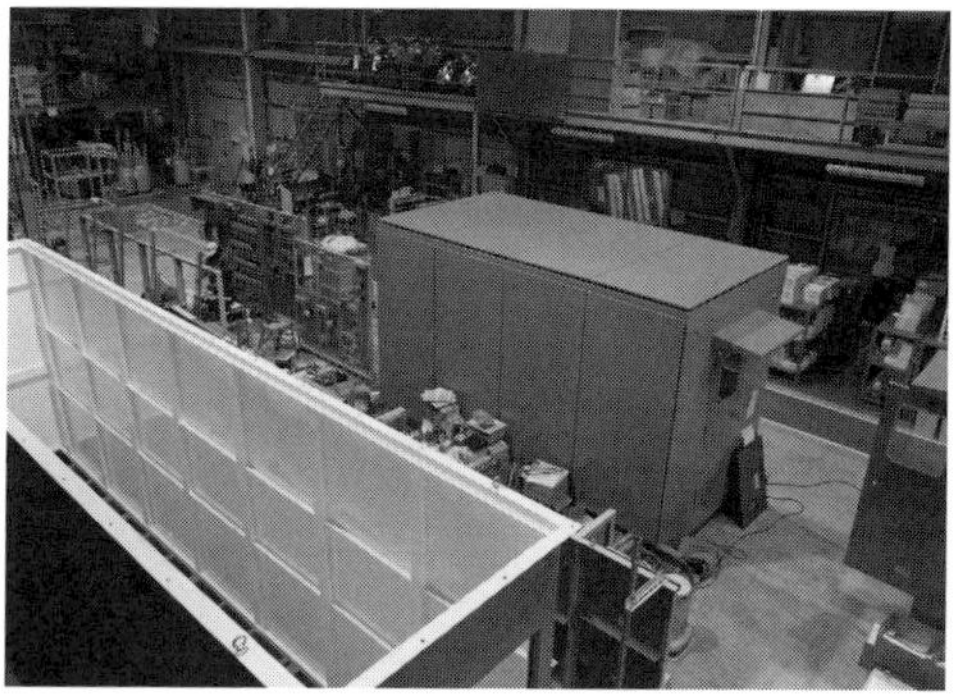

西岡グループ連携の代表的製品のユニット型制御盤

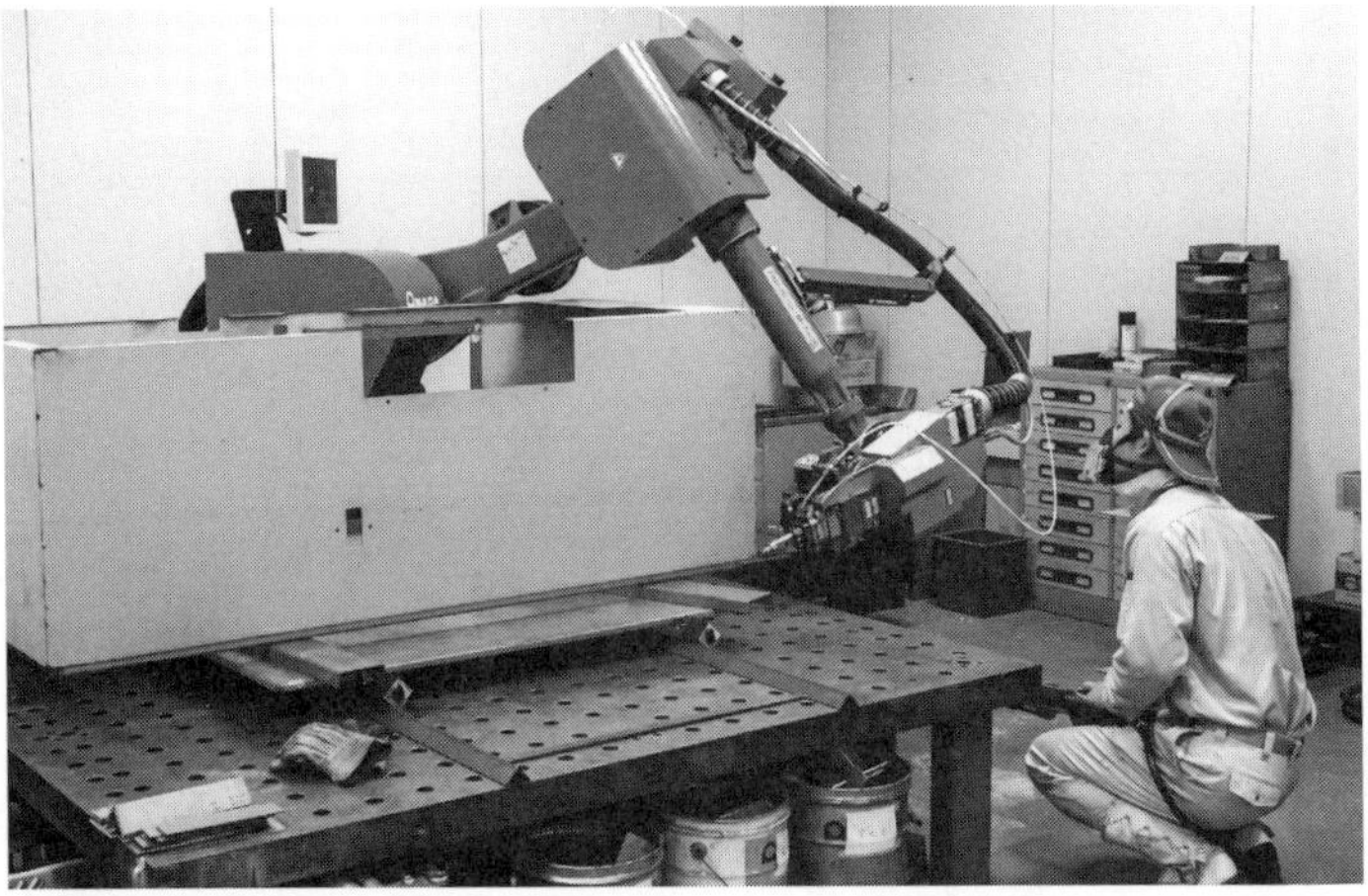
先行投資して導入したファイバーレーザーのロボット溶接システム

かったものの、西岡鉄工所は設備投資の直後だっただけに痛手を被った。

「負けないモノをつくる必要があった」。西岡社長はこの思いから地域内では競合の少ない、薄物特化のレーザー溶接に的を絞った。12年にハンディタイプのYAGレーザー設備を導入すると、3年後にはファイバーレーザーのロボット溶接システムを導入した。厳しい中での先行投資だったが、景気が回復基調にある現在、レーザーによる薄物のフル溶接が注目を集め、県外からの受注も増えている。

西岡社長は今後、2社の連携をより深めて3次元CADを活用したモノづくりを進める方針。グループとしての組織を強固にし、この先に自社ブランド製品の開発も思い描く。

記者の目

確かな将来像のもと事業領域を拡大

厳しい時期をグループの連携で乗り越え、さらに発展を続ける。若い社員も増え、西岡鉄工所と西機電装はともに活気づいている。「やりたいことのイメージがいろいろとある」と話す西岡社長は確固たる将来像を描き、この実現に向け、組織改革と設備の充実に積極的。着々と領域を広げるその歩みが注目される。

会社概要

所　在　地：愛媛県新居浜市多喜浜6-6-35
電話番号：0897-46-0303（西岡鉄工所）／0897-46-0394（西機電装）
設立年月：1961年9月（西岡鉄工所）／1983年7月（西機電装）
業　　種：産業用機械器具製造業（西岡鉄工所）
電気機械器具製造業（西機電装）
売　上　高：3億6000万円（2017年8月期、西岡鉄工所）
7億4000万円（2017年5月期、西機電装）

URL：http://www.g-nishioka.co.jp/

開発主導型経営を掲げ、周辺分野に積極的に展開

日本フネン㈱

日本フネンは、ドア製品や窯業製品、環境製品の製造会社。主力のスチールドアは年間17万本を生産し、鋼製軽量ドア部門では大手の一角を占め、民間分譲マンション向け市場ではトップシェアを誇る。また、窯業製品や環境製品といった新たなビジネスフィールドにも積極的にチャレンジし続けている。

同社は、マンション用玄関ドアとして初めてグッドデザイン賞を受賞した「ディンプルライン」をはじめ高級物件対応の「突板貼りドア」「焼付け鏡面仕上げの艶ドア」の

社是・理念

「安全とやすらぎを提供し、社会と共に豊かに」がモットー。自らを開発型企業と位置づけ、業界のフロントランナーであることを意識して行動することを企業コンセプトとしている。その基本方針は、創造、革新、挑戦によって前進することと定め、ニッチ分野においても業界に先駆け、一味違う存在感を発揮するオンリーワン企業を目指すことにある。

代表取締役社長
久米 徳男 氏

ほか、業界初となる「高断熱ドア」「高遮音ドア」などを次々と開発してきた。2017年には宿泊施設向けの「ようこそドア」を開発。特にホテルドア用のドアクローザーの開閉機構を改良し、ホテル入出時に荷物がドアに挟まれないように、開放時よりゆっくり静かに閉まる構造になっている。

また窯業製品では、おもに硝子繊維補強セメント（GRC）製品を取り扱っている。意匠再現性に優れ、かつ複雑形状にも対応可能。軽量、高耐久性、不燃性といったメリットを生かしてさまざまなランドマークに映える製品を提供している。

■産官学連携による研究開発

現在、徳島県内の歩行者信号灯器（白熱電球タイプ）には、すべて同社製LED電球が採用されている。徳島県警

東京の中心部とも言える茅場町にオープンしている東京ショールーム

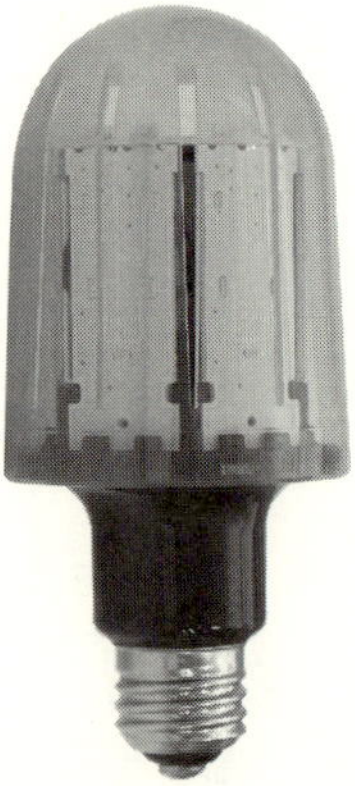
LED電球で新たな市場を開拓

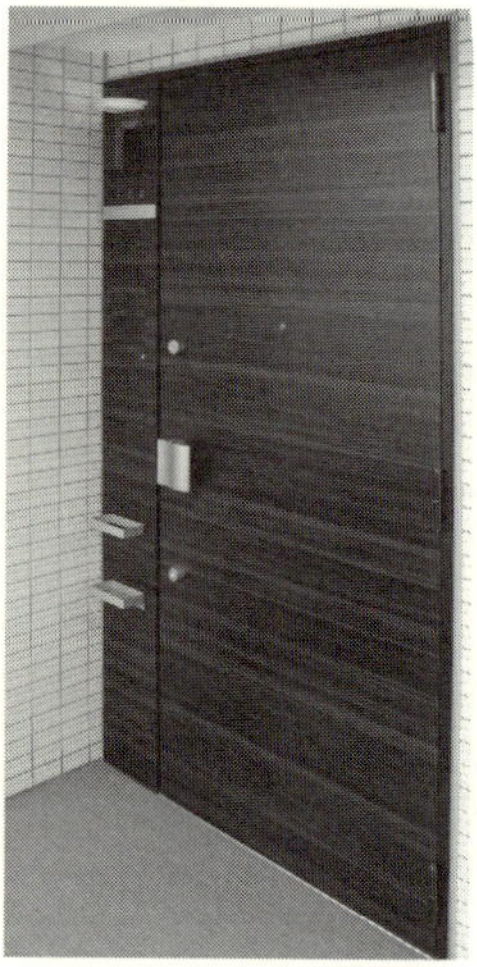
主力のスチールドアは民間分譲マンション向けではトップシェアを誇る

察本部、徳島県立工業技術センターと共同開発したもので、ドア製品開発で培ってきた企業精神を他の事業領域において発揮し、市場ニーズを形にした成功例だ。電球を同製品に交換するだけで消費電力量を大幅に低減できる高い省エネ性などが評価され、環境大臣賞を受賞。全国展開に向け販売体制を整えている。

今後は、強みであるマンション向けドア事業の一層の強化、およびオフィス・病院向けなど他ドア製品への展開により、さらなるシェア拡大を図る。今日まで育んできたコアビジネスの深耕はもちろんのこと、これらをベースにした周辺領域での新しいビジネスに積極的に応用展開し続け、市場のニーズやウォンツにタイムリーに対応し、創業精神を継承していく。

記者の目

豊富な開発経験で多様なニーズに対応

スチールドアの業界において盤石な地位を築きながらも、飽くなき開発精神で新市場を開拓するチャレンジ指向は、モノづくりへの探求心と情熱を持ち続ける同社の基本姿勢。安全性や快適性など、住環境に求められるニーズは多種多様だが、これまでの幅広い分野における研究開発の積み重ねが、こうしたニーズに柔軟に対応できる要因だ。

会社概要

所在地：徳島県吉野川市川島町三ツ島新田 179-1
電話番号：0883-25-4660
設立年月：1974 年 1 月
事業内容：ドア製品、窯業製品、環境製品の製造・販売
売上高：126 億 2000 万円 (2017 年 3 月期)
事業所：工場 (本社、阿波、脇町)、支店 (関東、関西、西日本)、営業所 (仙台、名古屋、福岡、四国)

URL：http://www.nihonfunen.co.jp/

世界水準のビーズミル技術で社会生活の向上に貢献

㈱広島メタル&マシナリー

広島メタル&マシナリーは、戦後の重工業の担い手として高度成長期を支え、今も絶え間ない技術イノベーションで時代の変化に応えている。スチール事業は、特に品質要求が厳しい特殊鋼ブルームの製造・販売に大きな強みを持つ。メタリック事業は鋳鋼品から加工・製缶・組立まで多種多様なニーズに対応する。これらに加え、日常生活の利便性に寄与し、生活スタイルを一変するほどの影響力が見込まれるのが、第3の柱となるケムテック事業である。

近年のスマートフォンの高性能化には目を見張るものが

代表取締役社長
川口 敬一郎 氏

社是・理念

- 人を中心に据えて考え、行動する企業体であろう。
- 基盤となる素材、製品、技術、そしてそれらに係わる周辺のソリューションを徹底して研究、開発、製造、提供することで、社会に欠かせない企業でありつづけよう。

ある。多数のナノテク部品を実装しており、超微細化・超薄膜化により高機能かつナノサイズを達成している。その高度な製造技術の一端を担うのが同事業であり、素材の超微細化（分散、粉砕、乳化）が高精度に行える装置を開発している。1980年代からビーズミル分野に参入し、2009年には「液晶テレビ顔料を含め電子材料でナノ粒子の実用化を可能とした世界初ナノ粒子分散装置」で「第3回ものづくり日本大賞・経済産業大臣賞」を受賞した。その後も、この分野のトップランナーとして、16年には世界最高水準である20nmまでの粉砕・分散処理を可能にした。

■新たなマーケットを見据え的確な研究開発を推進

素材の微細化により粒の表面積が大きくなり、その材料が有する純粋な機能を最大限に発揮できる特性がある。これまで同社の技術は電子材料などに応用されてきたが、今

ナノサイズの粉砕、分散処理ができる「ウルトラアペックスミル」

高粘度スラリーの連続分散、解繊ができる「アペックスディスパーサー ZERO」

後は対象をさらに拡大しそうだ。例えば医薬品。水に溶けにくい物質が微細化することで溶けやすくなり、薬としての効能もより期待できる。食品に応用するとより滑らかな舌触りとなり、化粧品であれば成分の肌吸収が促進されるなどの効果が期待できる。このように、今後は生活分野でもナノテク研究が進み、さまざまなアイデアが生まれ、新たなマーケットの拡大が見込まれる。同社はそれに歩を合わせて装置開発を進めていく。

ユーザーニーズを的確に捉え、そこに自社のシーズやノウハウを擦り合わせ、新しいアプリケーションを社会に提案していく。そして、人々の生活の利便性や健康、環境改善に、社会になくてはならない企業として貢献していく。

記者の目

地元に根差しつつも技術レベルはグローバル

同社はこれまで歴史の街・呉を発祥とし、そこに根差して産業を支えてきた。これまで鉄など骨太のイメージがあるが、ビーズミル分野でも世界水準であり、フロンティア的な存在である。より細かく、薄く、軽く、高機能化は時代の要請であり、同社への期待感は増すばかりだ。地元に軸足を置きつつも、技術は常にグローバルであり続けたいとしている。

会社概要

所　在　地：東京都新宿区新宿 1-8-1 大橋御苑ビル 2 階（本社）
広島県呉市広白岳 1-2-43（広製作所）
創業年月：1935 年 8 月
業務内容：特殊鋼ブルームの製造・販売、普通鋼および特殊鋳鋼の製造・販売、船舶関連部品、海洋向け係留装置の設計・製造・販売、化学機械および環境装置の設計、製造、販売
事　業　所：本社／大阪／広島（広製作所、呉、川尻）

URL：http://www.hiroshimamm.com/

特殊鋼販売会社の概念を超えた「ものづくり商社」

深江特殊鋼㈱

深江特殊鋼は日本の製造業への貢献を目指し、特殊鋼販売のあるべき姿を追求している。結果、売上の70％以上が加工品という「ものづくり商社」という業態を切り拓いた。

創業から1980年代までは、高度経済成長という時代背景の中、在庫の保管能力と短納期化で規模の拡大を続けた。80年代後半からは、人手不足への対応として無人化に積極投資。完全自動化による24時間無人切断工場を建設し、まさに「鋼材のコンビニ化」を実現した。

90年代からは異常な景気状態に疑問を抱き、次代を見据

SPIRIT OF FUKAE

1．手を抜かない
　何事に対しても全力で取り組む
2．とどまらない
　決して現状に満足することなく常に上を目指す
3．ごまかさない
　正確な情報開示により、相互理解を深める
4．嘘をつかない
　常に自らの言動に責任を持ち信頼を勝ち取る
5．あきらめない
　どんな困難な状況においても必ずやり抜く

代表取締役
木村 雅昭 氏

えた質的成長を目指して機械加工部門の投資を推進。多くの顧客がニーズを感じているものの投資金額が大きく、仕事の確保に不安の大きい大型機械を中心に投資した。顧客にとって喜ばれる存在を目指したからである。

２００８年のリーマン・ショック以降は顧客の営業代行を実施し、顧客の仕事を確保することで深江特殊鋼の鋼材需要の確保に尽力。顧客とのＷｉｎ－Ｗｉｎの関係をつくり上げた。さらに、これを強力に推進するためのツールとして２００ページを超える「金属材料・機械部品　総合カタログ」を作成し、顧客との良好な関係をより強固にしている。

■社会（お客様）への貢献度が会社の利益

会社の利益は社会（お客様）への貢献度のバロメータ。この基本スタンスで鋼材販売のあるべき姿を追求した結

完全自動化された24時間無人化切断ラインを設置

「金属材料・機械部品 総合カタログ」発行し、顧客からの幅広いニーズに応えている

果、「ものづくり商社」という独自スタイルを構築し、価値提供レベルの向上に重点を置いた結果、高収益を確保している。また、同社の無人の自動生産システムはすべて自社開発であり、そのレベルは高い。

機械加工では、利益が得にくいとされるフライス加工や穴あけ加工などローテク加工をハイテクで自動化し、収益確保につなげている。顧客ニーズに広く対応するうえで必要であり、また、パートナー企業として認めていただきたいとの執念から取り組んだものだ。

一方で、人材育成にも力を入れている。多様な人材を積極的に活用する姿勢で臨み、ダイバーシティマネジメントに積極的に取り組んでいる。

記者の目

伸び代重視の採用でベテランも多数活躍

深江特殊鋼が扱う特殊鋼は、同じ製品での幅広いサイズなどを含めると1万点以上のアイテムを揃え、業界でも有数の在庫量は強みとなっている。支えるのは人材だが、採用は“伸び代”重視で、人のために汗を流すことをいとわない人を採用する。高齢者の採用も多く、定年を設定していないため、70歳超えの社員も数多く活躍しているという。

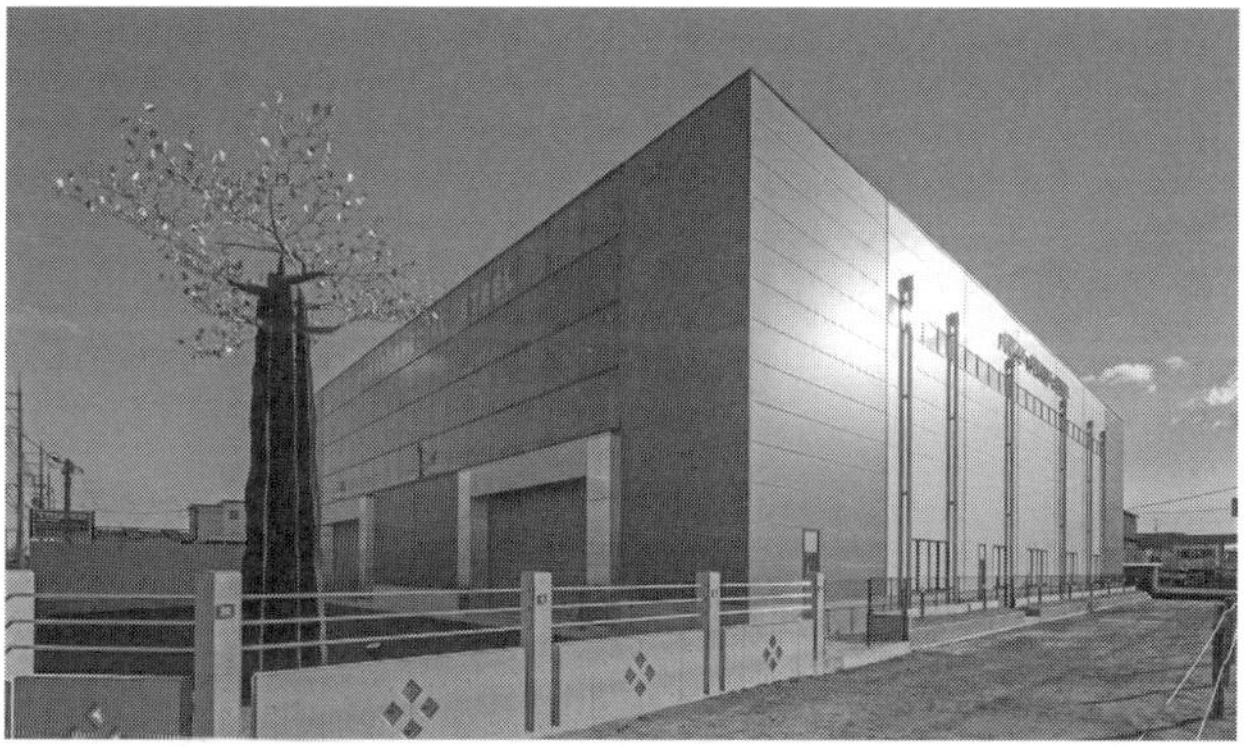

会社概要

所在地：広島県福山市曙町2-3-17
電話番号：084-953-4500
創業年月：1959年6月
事業内容：特殊鋼の販売および、その機械加工
売上高：55億円（2018年5月期見通し）
事業所：本社／BTAマシンセンター、テクノメタルセンターFAセンター／関西支店、広島支店、岡山支店など

URL：http://www.fukae.co.jp/

高精密な加工機・測定機で自動車の進化を支える

㈱フクトクダイヤ

自動車のパワートレイン部品の加工機や測定機を手がけ、一部の分野で高いシェアを持つ隠れたトップ企業。取引先はマツダをはじめ広島県外や韓国の自動車部品メーカーにも広がっている。ドイツの自動車にも同社の装置で加工・測定した部品が使われている。一番の主力商品が自動車の自動変速機に内蔵する「クラッチドラム」の加工機。クラッチドラムは歯車のような歯を備え、カップ形状をした特殊部品。開発した加工機は鉄板のプレス成形から余った部分の切断、穴開けまでの工程を1台でこなす。198

社是・理念

われわれは、技術・技能の研鑽に努め、誠実な企業活動を通じて顧客ニーズに合った製品とサービスを提供することにより、社会に貢献するとともに社員が会社の一員であることに誇りが持てるような企業を目指す。

代表取締役社長
河内 恭治 氏

8年頃に開発し、マツダの変速機工場である中関工場（山口県防府市）に初号機を納入。他の変速機メーカーや自動車メーカーにもが広がり、累計250台の販売実績を誇る。

■精密測定を中心に高い技術力

続く主力商品が電動パワーステアリングの伝動ギヤ測定機。90年代後半に初号機を開発。電動パワステの世界的な普及とともに出荷数を伸ばし、これまでに約200台を納めた。客先のパワステメーカーが内製を試みたものの開発に至らなかった製品であり、同社の技術力の高さが伺える。

では、この技術の源泉はどこにあるのか――。1つは自社でひと通りの工程をこなす対応力にある。同社では設計から部品製作、組立までトータルで手がけており、工場内の恒温室に据えた治具中繰り盤や3次元測定機は精密技術の象徴であり、これらの支えとなっている。「もともと検査

主力製品のクラッチドラム成形加工機

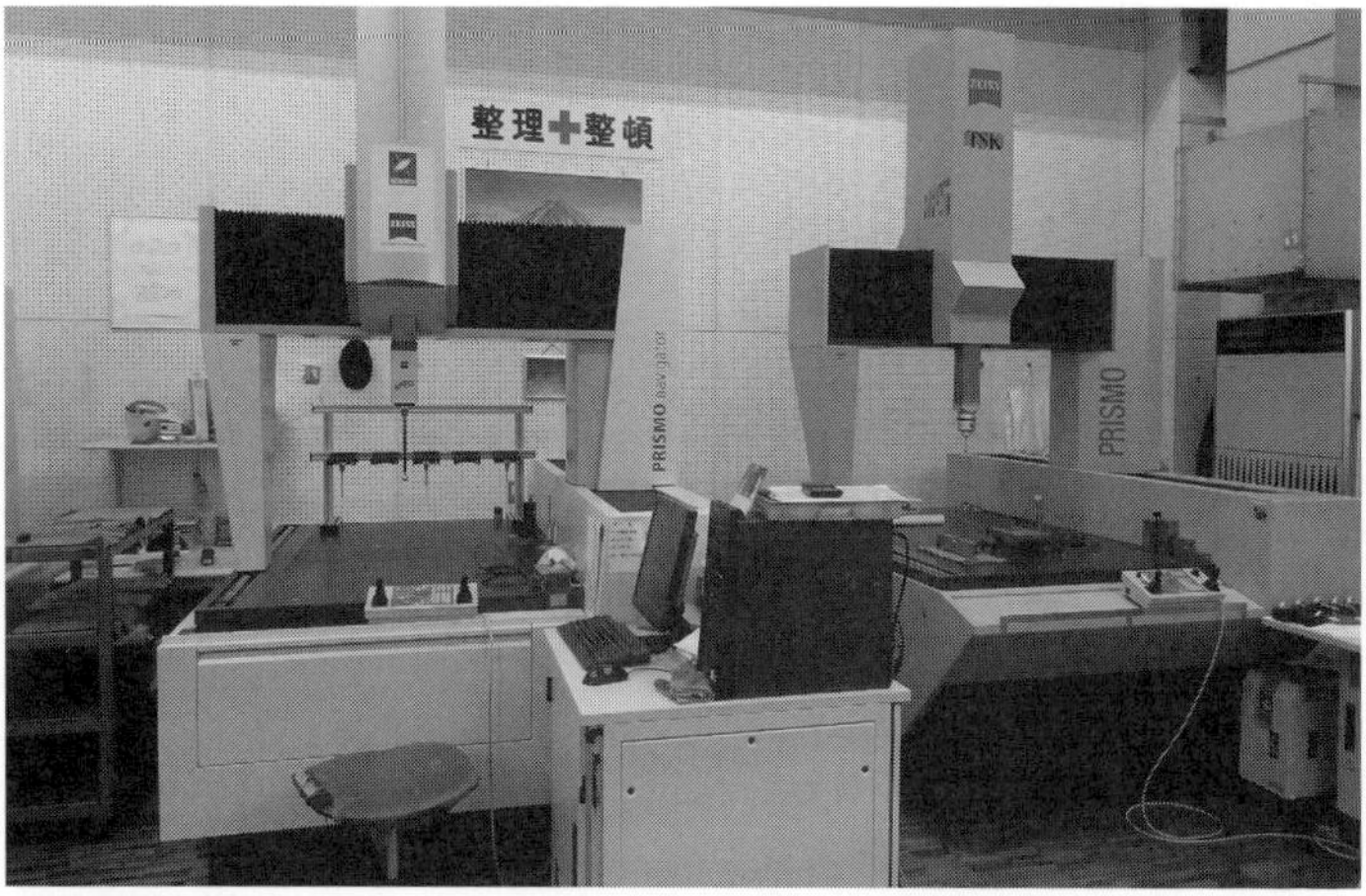

本社工場の３次元測定機。恒温室の中にあり高精度で測定できる

具のような高精度な機器を主力としてきたことから、精密加工・組立が得意」と河内社長は話す。

もう1つが人材育成と技能伝承。工業系大学卒業生を中心に、年に1人くらいのペースで定期的に社員を採用し、技能継承に努めてきた。こうした努力もあって業績は堅調で、受注はリーマン・ショック前の水準まで盛り返した。この7年間は新しい工場建屋の建設も含めて設備投資にも努めたおかげで設備の更新はほぼ一巡し、成果を刈り取る時期に入る。

今後の方針について河内社長は「精密測定の技術をコアに、お客様の製品の高機能化やニーズの進化に応えていけるよう開発力を高めていきたい」と話す。同社の高精密技術は、これからも自動車の進化を支え続ける。

記者の目

第3、第4の柱の育成に期待

同社の装置で加工・測定する部品は、一般の人の目にとまることはほとんどなく、一見わかりにくいかもしれない。しかし自動車の安定走行には必須であり、世界各地で根強い需要がある。専用機に特化してきたというのは、客先のニーズに応えてきたことの証でもある。精密技術を生かして第3、第4の柱となる装置の開発に期待したい。

会社概要

所在地：広島県廿日市市木材港南7-23
電話番号：0829-31-2233
創業年月：1951年9月
事業内容：エンジンや変速機関連の量産部品の専用加工機、検査装置、検査具、治具の設計製作、精密機械加工の受託
売上高：6億9300万円（2017年3月期）
事業所：本社

URL：http://fukutoku-dia.co.jp/

金属熱処理のプロフェッショナル

福山熱煉工業㈱

福山熱煉工業は「金属への熱処理」のプロフェッショナルとして、50年以上にわたり技術を磨いてきた。金属の強度や粘り強さの付与、歪みの除去に加え、浸炭焼き入れや高周波焼き入れ、真空焼き入れ、窒化処理などを幅広く手がけることで、大型や小型、量産や単品の需要に応える。また、本社のある福山テクノ工業団地（広島県福山市）に福山テクノ工場と福山第2工場を構えるなど、広島県東部から岡山県西部にまたがる備後エリアを中心に、複数のモノづくり拠点を有するのも強みとなっている。

社是・理念

日本国内において、一流の技術を駆使し、お客さまに感動を与える熱処理品質を提供し続ける。

代表取締役
河田 一実 氏

最近、力を入れているのが高付加価値のハードショットピーニングと大型真空炉を用いた真空熱処理。ハードショットピーニングは、強力な投射エネルギーを金属表面に与える処理技術で、投射された部位の疲労強度やピッチング強度を改質する。農機具やラリー用の自動車向けなどに使う歯車でハードショットピーニングは用いられている。高強度を実現するとともに小型化・軽量化が可能になる。ハードショットピーニング向けに独自開発した装置を複数設置している。

■備後地域のモノづくりを支える存在感

もう1つの真空熱処理は、その名前の通り、真空中で加熱・冷却して焼き入れ、焼きなましなどを行う。部品表面が酸化せず、歪みが少ないといった特徴がある。同社では、こうした真空熱処理ができる炉を7機保有している。中で

歯車の高強度を実現するハードショットピーニング装置

広島工場には国内有数の大型真空炉を備える

も広島工場には直径1400㎜・高さ1800㎜の大型部品の真空熱処理ができる大型真空炉を備える。大型金型や大型タービン部品、航空機部品など、さまざまな分野のニーズに応える。

福山熱煉工業の設立は、高度経済成長期に重工業化が進んできた備後エリアで、金属熱処理業者がなかったことがきっかけ。一般的に金属熱処理業の商圏はトラックの日帰り圏内とされる。ゆえに、広域的なエリア拡大も見すえつつも備後地域に根ざした地域密着型の業態を第一としている。備後には多くの技術力を持った機械金属関連の企業が数多く存在しており、こうした企業とともに備後や福山市の機械金属産業の〝縁の下の力持ち〟のような立ち位置で今後、さらなる飛躍を狙う。

記者の目

熱処理技術で備後のモノづくりに貢献

金属熱処理における取引先数は1000社以上に上る。モノづくりに付加価値を与える仕事を創業以来貫いてきたことで得た信頼の証といえるだろう。機械金属部品に強度をもたらす作業は部品づくりにおいて不可欠。備後のモノづくりが発展してきたのも、同社の地道な金属熱処理による支えが寄与している。これが認められて、「地域未来牽引企業」に選定された。

会社概要

所在地：広島県福山市箕島町6280-1
電話番号：084-920-3333
創業年月：1965年6月
事業内容：金属熱処理と研削加工ほか
売上高：48億円（2017年4月期）
事業所：本社・福山テクノ工場、福山テクノ第2工場、千田工場、岡山工場、広島工場、笠岡みの越工場

URL：http://www.fukunetsu.co.jp/

匠の技術を併せ持つ総合エンジニアリング企業

フジケンエンジニアリング㈱

フジケンエンジニアリングは1950年頃から住友金属鉱山銅精錬プラントの保守業務を手がけ、60年に愛媛県宮窪町で「富士建設工業」として設立した。62年に松山市内に本社を移す頃には豊富な人材を抱え、現場の管理能力も有する実績あるエンジニアリング企業として存在感を増した。この頃、四国電力が愛媛県松山市和気町に発電所の新設を計画。この建設に参画し、建設終了後も定期点検、整備に関わるようになった。発電所メンテナンスの経験を積み、以後、四電の発電所建設すべてに関わるとともに、完

社是・理念

≪社是≫
フジケンエンジニアリング(株)は社会的視野に立ち常に切磋琢磨して技術力・開発力・管理力の不断の向上をはかりもって顧客の信頼に応えるとともに、社会環境のより多くのニーズにこたえ、その社会的責任を全うするものである。

代表取締役社長
松本 陵志 氏

成後も各地でメンテナンス業務を担った。そして77年、社名を「フジケンエンジニアリング」と改め、今に続いている。

■強みを伸ばし、事業を拡大

「入社当時は四国電力の仕事が9割だった」。現在、フジケンエンジニアリングを率いる松本社長はこう振り返る。松本社長は1981年に入社。工務、営業、管理部門を経て2000年に父親の松本治隆氏からバトンを受けた。社長就任以前から受注先の多様化、人材育成など経営改革を進め、設計・製作・建設力を強化。従来アウトソーシングしていた業務も社内に取り込み、名実ともに総合エンジニアリング企業をつくり上げた。

タービンやポンプ、ファンなど回転機が関わる分野に強みを持ち、回転機部門は1／100㎜の精度要求にも応える〝匠の技〟を有する。この技術力と信頼性で今や取引先は四国

バイオマス発電所の据付作業

発電所メインタービン低圧ローターの吊り込み作業

にとどまらず、電力以外のさまざまな業種のプラント建設、メンテナンスも受注している。

同社は今、20年を最終年度とする10カ年の長期計画に即して事業を進めている。進捗は順調だ。受注見込みによれば、最終年度には社員500人規模になる見通し。ただ、「500人になると現在のかたちではやっていけない」と松本社長。関東、関西、中国、九州地域のそれぞれに必要な人員を置き、各地で十分な仕事を採らなければ、安定した単価でサービスを提供できない。若い人材の教育もある程度、事業所でこなさなければならなくなる。このため地域の事業所を率いることができる次世代の幹部の育成は急務。現在、幹部クラスの教育プログラム構築を急いでいる。

記者の目

自社技術を見極めて新市場へ

時代を先取りしながら創業以来の技術と信頼を高め、事業を広げてきた。成功の背景は既存技術の応用範囲を的確に見定めて挑戦してきたことにある。この上で年度計画に基づく受注の平準化、緻密なコスト計算を行い、独自プログラムで若手教育も徹底。松本陵志社長のもと強い組織づくりが生きている。今後のさらなる飛躍が期待される。

会社概要

所　在　地：愛媛県松山市古三津 2-16-3
電話番号：089-952-2233
設立年月：1960 年 12 月
事業内容：各種プラントの建設・メンテナンス、関連設備の設計・製作・施工
完成工事高：90 億 4451 万円（2017 年 8 月期）
事　業　所：松山、坂出、徳島、西条、伊方、高知、関東（事業所）／新居浜（出張所）／本社、勝岡、西条第 1、西条第 2（工場）

URL：http://www.fujiken-e.co.jp/

工作機械、環境改善機器、建築設備機器の3事業を確立

ホーコス㈱

ホーコスは、小型卓上工作機械の製造で1940年に創業した。その後、農機具にシフトしたが、60年に多軸ボール盤で工作機械事業に再参入し、現在の主力供給先となる自動車部品の加工向けで工作機械事業の基盤が固まった。これに続く柱となる部門を立ち上げる狙いから、70年には米社と集塵装置の開発で技術提携した。高度経済成長期における公害対策を企図したもので、これを機に集塵機工場を建設し、環境改善機器事業を立ち上げた。さらに、79年には業務用厨房排水に含まれる油脂分を分離し阻集するグ

社是・理念

「より技術の開発、より品質の向上、より生産性の向上、よりサービスの徹底、より友愛と協調」

ホーコスは、地球益を考えた製品を世の中に送り出しています。

代表取締役社長
菅田 雅夫氏

リーストラップなどを手がける建築設備機器事業にも着手。これで現在、主力とする3つの柱を確立した。

積極的な事業展開と併行して、モノづくり基盤も着実に整えてきた。創業から5年後の45年に現在の福山市草戸町に移転。63年に本社工場、73年に鋳造工場をそれぞれ増築している。2002年には広島県福山市の福山北産業団地に福山北工場（現在の福山北事業所）を開設して操業を開始。06年には郡山事業所（福島県郡山市）を開設し、国内での主要生産拠点を整備した。

■タイで工作機械の製造拠点が稼働

工作機械の生産拠点を海外にも設置。2002年にタイでバンコク駐在員事務所を現地法人化したのに続き、11年にはASEAN向けとなるタイの製造子会社「ホーコス・マニュファクチャリング・タイランド」を設立。タイなど

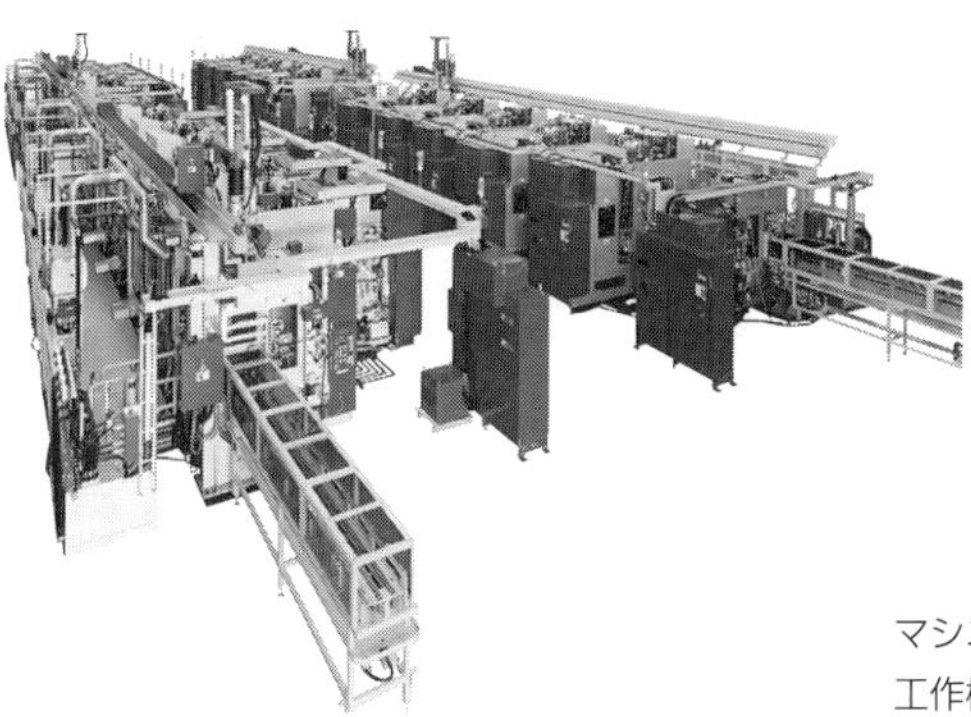

マシニングセンターなど
工作機械が主力事業の1つ

福山市内に設置予定の建築設備機器の新工場

ASEAN各国に進出している日系自動車メーカーなどを支える存在として成長している。

主力3事業の製造拠点が国内外で強固なものとなったホーコス。もちろん、それを支えるのは人材であり、同社ではモノづくりの品質向上を、本質から捉えて推進している。全業務の見直しと改善や顧客が満足するプロセスの実現、技術と企業風土の革新、社員の意識改革による総合的なイノベーションとして進めている。

こうした真摯な姿勢は地域貢献にも表れている。小学生を対象にしたモノづくりイベントや、広島県東部の高校生に奨学金を給付する育英会の取り組みも実施。若年層の人材育成と底上げに寄与し、将来的な地域のモノづくり力の向上に寄与している。

記者の目

地域の明日を担う人材を手厚く支援

福山市内で建築設備機器の新工場が2018年中に稼働。好調な工作機械とともに需要増に応える。一方、菅田社長が理事長を務めるNPO法人福山スポーツ雇用サポートセンターが16年に発足。ホーコスでは地元企業十数社と硬式野球の社会人クラブチーム「福山ローズファイターズ」の選手の雇用を引き受け、地域の将来を担う若者を支援する。

会社概要

所 在 地：広島県福山市草戸町2-24-20
電話番号：084-922-2600
創業年月：1940年4月
事業内容：工作機械、環境改善機器、建築設備機器の設計・製造・販売ほか
売 上 高：244億円（2017年9月期）
事 業 所：本社工場　福山北事業所　郡山事業所　東京支店ほか

URL：http://www.horkos.co.jp/

あらゆるニーズに対応し、価値を生み出す創造集団

㈱マステクノ

「メーカーと商社のハイブリッド――」。自社の特徴をこう表現する垣見社長から同社の守備範囲の広さが伺える。搬送ラインや省力化機器を製造する一方、商社部門では産業機械、環境機器、食品加工機器、制御システムなどを扱う。対応業種も多岐にわたるが、最近は食品系機器のウエートが高まっているという。

中でもユニークなのがシャーベット製氷機であり、冷熱技研（長崎市）が開発し、マステクノが製造販売する「リキッドスノー」。漁獲直後に急速冷凍・出荷・高鮮度保存・

社是・理念

求める企業像は、想像力というエネルギーに価値ある情報をプラスし、多彩な分野の技術を複合して「新しい価値を生み出す創造集団」。自由な発想での提案で、必要とされる商品を確実に市場投入。ユーザーに満足を提供し、社会に貢献する存在となる。

代表取締役社長兼
営業本部長

垣見 直樹 氏

解凍までをこなす。温度管理が自由になる海水シャーベットは粒子が小さく魚を傷つけず、低輸送コストで解凍もシャーベットの中で行う。また、使用エネルギーゼロの熱交換作用を利用するため、半年でも1年でも漁獲直後の鮮度と味を保つ。魚に加え、肉やジュースなどの加工食品にも適用が可能。例えば、スーパーなどでは冷凍魚や肉は熱エネルギーを用いて解凍室で温める。中心部まで解凍するには時間がかかり鮮度が落ちる課題があるが、リキッドスノーはこの問題を一挙に解決した「夢の氷」でもある。すでに漁協などに20基あまりの納入実績がある。

■2つの使命を果たす商社

垣見社長は、商品とユーザーを結ぶ商社に求められるのは「想像力」と話す。ゆえに、同社の営業マンは、ユーザーの声を聞く「御用聞き」ならぬ「悩みの相談員」であり、

製造販売するリキッドスノーの40tプラント

リキッドスノーを魚船の漁獲槽に充填している様子

時代や社会の動き、関心事を読む想像力とユーザー情報の価値判断能力が求められる。そして、垣見社長はこれを〝2つの使命〟と表現する。1つはメーカーとユーザーを結ぶコネクター。もう1つはユーザーが求める具体的商品や欲求であるウォンツを調達あるいは自社開発で届けること。この典型が前述のシャーベット氷であり、除菌消臭液の「マイクロバスター」だ。

マイクロバスターは米バイオサイド社が特許を持つ亜塩素酸ナトリウムを主成分とした溶液。鳥インフルエンザなどから家畜を守るほか、病院での除菌や消臭で需要を伸ばしている。これも情報収集力でヒットした商品であり、メーカーとユーザーのニーズの一致で生まれた。2つの使命を果たす同社ならではの商品といえよう。

記者の目

開発の継続が安定に

垣見社長の好きな言葉は「商売に安定はない。ただ開発し続けることが、安定につながる」。言葉通りユーザーの要望を受け次々に形にしていった。商品は膨大になったが、情報に裏打ちされたニーズがそれを上回った。明るい性格で、技術とコストとタイミングを見ることに秀でた中興の祖の周りはいつも賑やか。口八丁手八丁で、今日も全力投球。

会社概要

所　在　地：広島県広島市西区大芝 3-12-15
電話番号：082-238-3761
設立年月：1974 年 5 月
事業内容：産業機械機器、制御機器などの販売、各種装置・省力機械の設計・製作・据付
売　上　高：25 億 5000 万円（2017 年 2 月期）
事　業　所：九州営業所、岩国営業所、可部工場　可部第二工場

URL：http://www.masstechno.co.jp/

リサイクルプラントの一貫体制に強み

㈱御池鐵工所

御池鐵工所は破砕、粉砕、選別、乾燥、造粒といったすべてのリサイクルの工程にかかわる機械づくりが主力。顧客の要望に応じたプラントの設計から製造、施工、メンテナンスに至る一貫体制を敷くことも強みとしており、未利用資源の有効利用プラントにおける〝入口から出口まで〟をカバーした製品やライン、プラントづくりを提案する。「現場第一主義」で培ってきたノウハウにより約400件の特許を取得しており、技術開発力の支えとなっている。

同社は1953年、広島県芦品郡新市町（現福山市）に

社是・理念

未利用資源のリサイクルプラントの機械づくりを通じて、お客さまが満足して使っていただけることを歓びとしています。

代表取締役
小林 由和 氏

創業したのが始まり。高まるニーズを受け、89年に新工場を完成させ、現所在地に本社を移転した。創業当時から木材リサイクルを手がけており、オガ屑を固形化したオガライト（オガ屑を原料とする固形燃料）製造設備を全国で販売していた。その技術をベースに廃プラスチックの固形化にも成功。これが現在、リサイクルの業界で注目を集めているＲＰＦ（固形燃料）の原点となっている。モノづくりの盛んな福山から新たな技術も発信し続けている。

■多彩な製品で顧客ニーズに応える

群を抜く特許数が示すように御池鐵工所の強みは多彩な製品にある。多目的圧縮成形機「マルチホーマー」や万能型破砕機「ロータリープレスクラッシャー」、目的選別機「バリオセパレーター」、多目的造粒機「ペレットミル」は、その中の一例。これらを支える基盤として本社工場内にテ

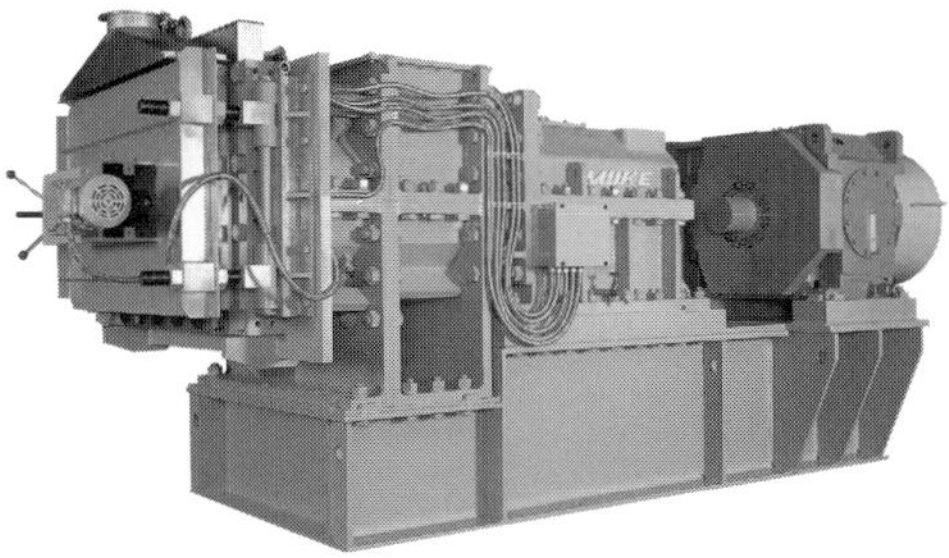

リサイクルプラントに強みを持つ。写真は多目的圧縮成形機「マルチホーマー」

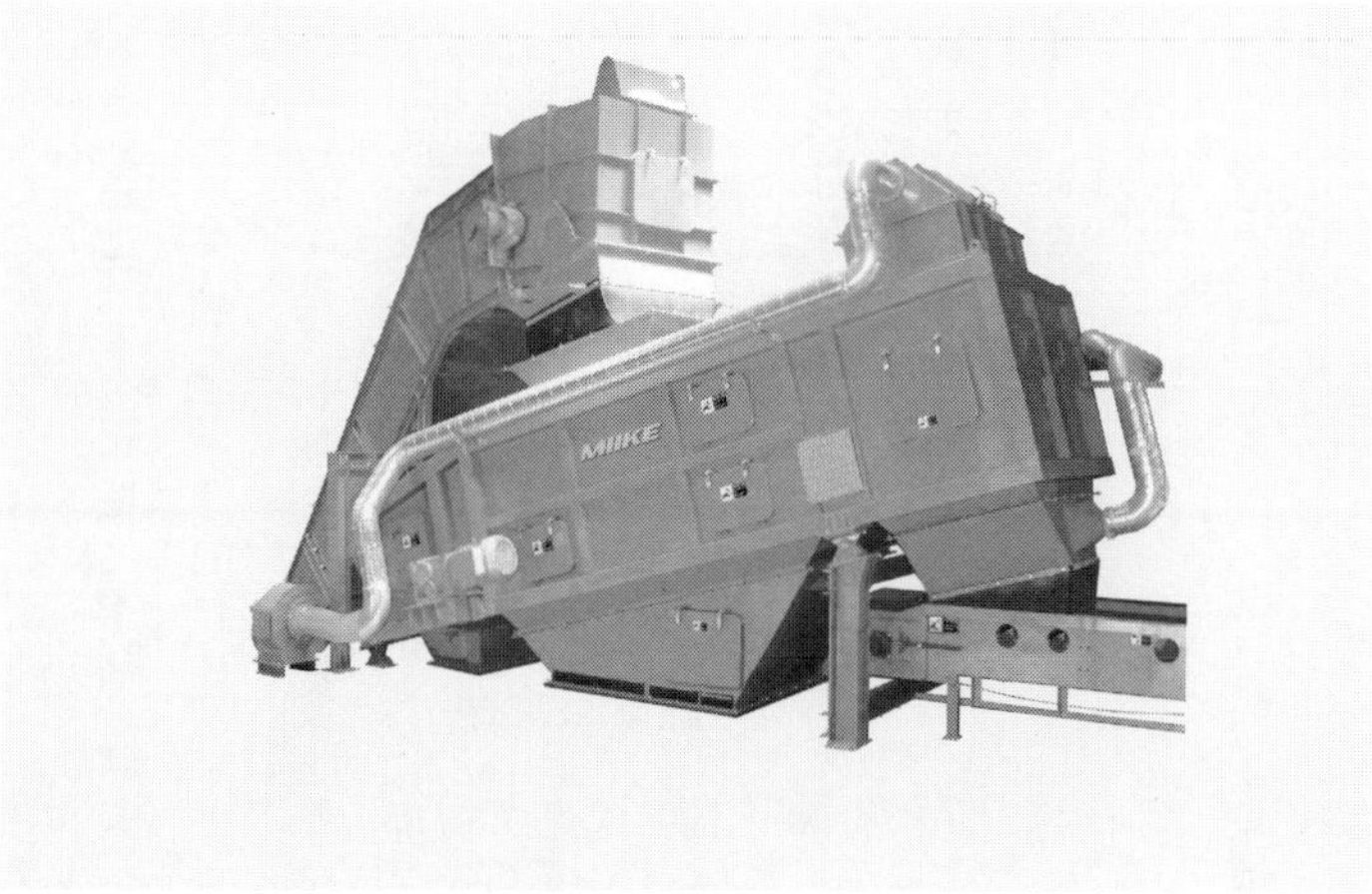
主力製品の１つである多目的選別機「バリオセパレーター」

スト工場を2棟構えている。破砕・乾燥・造粒ラインや選別装置などを常設したテスト工場内では、廃棄物に対して多種多様化した顧客ニーズに応え、ベストな機器選定や最適なプランニングを実施する役目を果たす。新たなアイデアにもとづいた機械やプラントをあらゆる条件下で試験できるため、安定した最適の状態でプラントの設計・製作・納入ができる。

その一方で、本社工場では拡張や5面加工機などの設備増強などを着実に進めている。充実させるモノづくり基盤とともに、２０１８年には新事務所棟が完成予定で、社員食堂や研修スペースも新たに設ける。小林社長は「福利厚生の充実で、地元である福山で働きやすい職場環境を実感してもらえるはず」と力を込める。

記者の目

広がる信頼で納入先を拡大

リサイクルプラントは顧客の要望に応じた一品一様。きめ細かい注文に応える自社の技術力や設備も強みだが、営業展開は既存納入先による「御池鐵工所に任せれば解決してくれる」という口コミも多いという。充実させるアフターサービスの体制とともに、こうして波及する信頼関係が同社のプラントの評価を高めている。

会社概要

所　在　地：広島県福山市神辺町川南 396-2
電話番号：084-963-5500
創業年月：1953 年 8 月
事業内容：廃棄物リサイクルプラントの設計・製造・販売ほか
売　上　高：55 億円（2017 年 8 月期）
事　業　所：本社・工場／関東営業所、九州営業所、札幌営業所／関東サービスセンター

URL：http://www.miike.co.jp/

歯車製造と減速機のオーバーホールが主力

㈱明和工作所

明和工作所は木型製作で創業し、現在は精密歯車の製作や減速機の設計・製作などを手がける。ＮＣホブ盤による精密歯車の歯切りや歯車研削盤による歯研も行い、高密度の歯車製作を請け負う。歯車は平歯車やはすば歯車、チェーンホイール、スプラインなど幅広い。歯車以外にも旋盤やマシニングセンター（ＭＣ）などの機械部品も製造する。

歯車製造と並び減速機の設計・製作が柱となるが、最近は減速機のオーバーホールにも積極的に取り組んでいる。減速機の寿命は15～20年程度だが、明和工作所の修繕技術に

社是・理念

明和は、信用できる会社だと思ってもらえるよう努力しています。

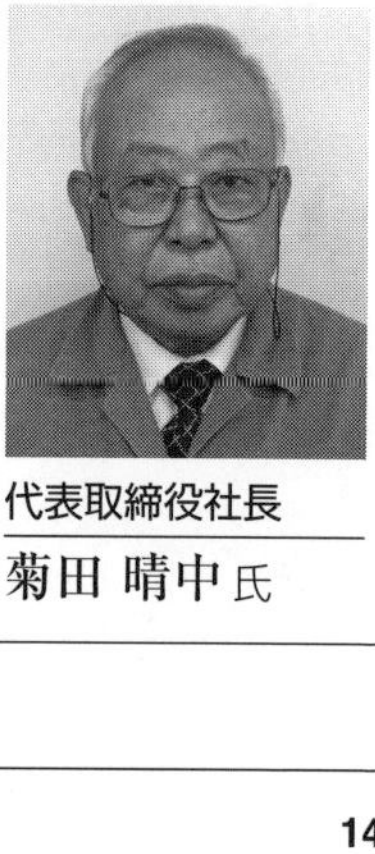

代表取締役社長
菊田 晴中 氏

より10年程度は再度、使用できるようになる。また、顧客が減速機の図面を持っていなくても、同社の設計スタッフによるスケッチ・製図により相当品の製作も可能だ。ときには顧客先に赴き、現地での相談に応じる。２０１６年には最先端の同時５軸複合加工機を導入し、モノづくり基盤をより強固にした。この最新機により減速機のオーバーホール時の高精度な歯車製作を実現するとともに、もう1つの成長事業に取り組む。

■航空機部品製造に本格参入で活路

明和工作所が現在、新規事業として取り組んでいるのが航空機産業だ。導入した5軸複合加工機でエンジン回りなどの航空機部品を製造し、高い要求に応える。航空機分野からの受注拡大を目指す同社は２０１６年7月に、英国で開催された航空宇宙関連の国際見本市「ファンボローエア

精密歯車は明和工作所の主力製品

本社工場内では減速機のオーバーホールも手がける

ショー2016」に出展した。広島県が事務局を務める「ひろしま航空機産業振興協議会」の会員企業でもある同社は、海外の航空展示会への初出展で国内外からの幅広い受注拡大を目指す。

また、多様な業務に対応すべく技術を磨き、チャレンジする精神を大切にしている。丁寧な工程管理など現場重視のオペレーションとともに「社員のモチベーションを常にキープすることも重要と捉えている」（菊田社長）。現場では経験や年齢に関係なくチャレンジを続けながら、顧客第一主義を貫くとともに、良い仕事をすれば結果的に社員自身の人生に好影響を与えるという思いがある。このため、社員の給与や休日、海外旅行などの福利厚生を充実させている。

記者の目

創業100周年に向け新たなチャレンジ

明和工作所は歯車製造と減速機修繕という事業の2本柱が確立する中で、航空機部品への本格参入という新たなチャレンジに乗り出した。技術を磨くだけでなく、英国展示会出展など積極的な販路開拓で活路を見いだす。創業100周年が7年後に迫る同社だけに、商機拡大を見すえて「次のチャレンジ」を打ち出す場面もありそうだ。

会社概要

所　在　地：広島県福山市千田町4-14-12
電話番号：084-955-2122
創業年月：1925年4月
事業内容：歯車、一般機械部品、組立物などの製造、減速機の設計・製作、オーバーホール、航空関連部品製造ほか
売　上　高：8億円（2017年3月期）
事　業　所：本社工場

URL：http://www.kk-miw.com/

4つのコア技術が6つの事業領域での業界ナンバーワンを生む

モリマシナリー㈱

モリマシナリーは、さまざまな産業用精密機械の開発・設計・製造・販売をオーダーメイドで行う。取引先は、国内外の自動車や鉄鋼、医薬品、工作機械、住宅など幅広い。目指すのは「オンリーワン、ダントツの1位のモノづくり。『開発なくして成長なし』の方針で取り組んでいる」と森社長は話す。屋台骨を支えているのは4つのコア技術である機械設計、電気・電子、熱処理、精密加工。これらの技術力を背景に成形機事業部、成形ロール事業部、ATC部、化学装置部、環境部、プレス事業部の6事業部を展開して

社是・理念

「家族的経営と変革経営で、輝き続ける中堅企業を目指す」。時代の変化に対応しながら、全社員が一丸となって本業に取り組み、心（魂）を込めたモノづくりで業界オンリーワン（ダントツ1位）の製品、事業を作り出していき、お客様に感動を与え、地域社会に貢献し続けることで長寿の優良中堅企業となることを目指している。

代表取締役
森 郁夫 氏

いる。また、新分野のセルロース開発室ではセルロースナノファイバー（ＣＮＦ）を製造。地元・岡山県産のヒノキ材からつくるリグノＣＮＦなどを開発し、７本目の柱にすべく事業化に向け力を入れている。

■〝ダントツ〟のモノづくり

成形機事業部の主力製品が造管機。自動車用マフラーやラジエーターチューブ、建材用パイプなどさまざまな産業に造管機を提供し、チタンやステンレスといった非鉄金属のパイプは国内１位のシェアを誇る。中でも小径パイプの製造に強みがあり、医療用注射針の素管は国内で約90％の圧倒的シェアを誇っている。注射針のように極細径の管は成形の難易度が高く、溶接にも高度な技術が要求される。この難しい分野で市場を席巻できているのは、同社が目指してきた〝ダントツ〟のモノづくりの研鑽の賜といえよう。

成長の柱の１つとなっている
製薬用金型パンチ・ダイ

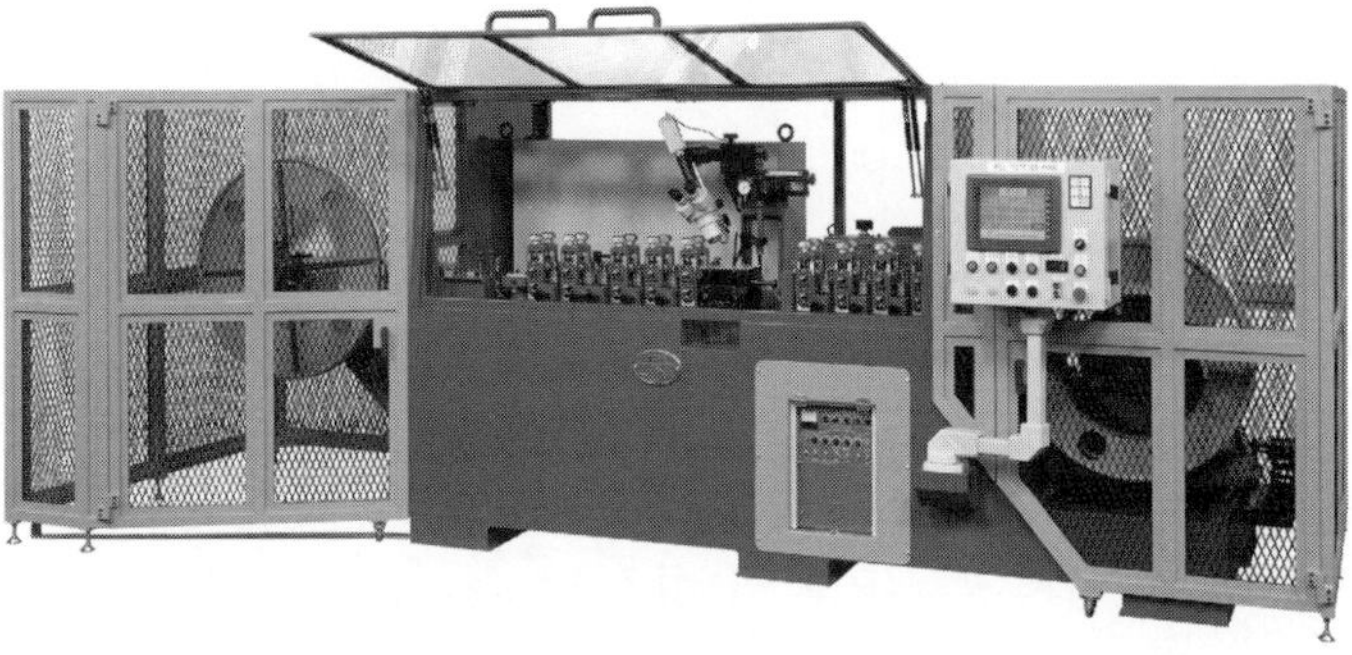

“ダントツ”の一例と言える極細管造管機

1998年の立ち上げと後発ながら、売上高の15%を担う事業に成長したのが化学装置部。製薬用打錠機と同金型パンチ・ダイを製造し、金型は国内シェア1位に成長した。

医薬品成分はさまざまで金型に付着しやすいものや研磨剤のような硬い粉もあり、金型を早期に摩耗させる。従来は、粉の接触部にハードクロムメッキを施すのが一般的だった。同社では付着・摩耗対策に独自の表面処理（コーティング）を研究・提供し、シェア拡大につなげた。「いいものを提供するのは当たり前。納品後のきめ細かなサービス対応を大事にしている」（森社長）。同社はさまざまな分野でオンリーワンのモノづくりにこだわり続けていく。

記者の目

迅速な対応とスピーディーな解決

同社は、製品を提供する前のやり取りはもちろんだが、納品後に万一トラブルが発生したときには迅速に対応し、顧客の課題をスピーディーに解決していく姿勢を貫いてきた。顧客から必要とされる企業を目指してきた。技術力を宝に時代の変化に対応しながら、会社の規模拡大より中身を重視し、成長し続けるであろう。

会社概要

所在地：岡山県赤磐市仁堀東1383
電話番号：086-958-2352
創業年月：1948年3月
事業内容：ロール成形機・造管機、成形ロール、工作機械用ATC（自動工具交換装置）、製薬用打錠機、製薬用金型パンチ・ダイ、ペレット製造用金型、自動車部品の製造販売
売上高：98億7000万円（2017年3月期）
事業所：本社・工場（岡山県赤磐市）／工場（岡山県美作市、岡山市中区）／営業所（東京、名古屋、大阪）

URL：http://www.mori-machinery.co.jp/

「ヤスキハガネ」で培った技術を高度な部品加工に展開

㈱守谷刃物研究所

たたら製鉄に始まる日本鉄鋼業揺籃の地・島根県安来市。その伝統を受け継ぐ日立金属安来工場で生産された特殊鋼は「ヤスキハガネ」と呼ばれ、確固たるブランド力を誇る。守谷刃物研究所はこのヤスキハガネの加工で培った技術力をベースに数々の金属部品を世に送り出してきた有力部品メーカーだ。

現在の主力は、「ベーン式」と呼ばれるポンプの心臓部品であるベーン。板状の部品で、ポンプ内で回転するローターに取り付けられ、水や液体を押して圧力を加えるのに

社是・理念

創業以来一貫して高級特殊鋼の「ヤスキハガネ」とともに歩み、「和合努力」を社是として、社員の総力を結集して、高度化する顧客ニーズに応えてきた。
理念として掲げる「誠実」「創意」「人の和」を軸に、企業の社会的貢献を全うしていく。

代表取締役社長
守谷 光広 氏

使われる。高い耐久性が求められ、素材は切削工具の材料にも使われる高硬度な高速度工具鋼を使用し、かつサブミクロン精度の加工が必要とされる。このポンプの主用途は自動車のパワーステアリングの油圧ポンプ。ほかにエンジンやトランスミッションに取り付けられるポンプでも用いられる。ベーンの生産枚数は月産1000万枚と世界シェアの約25％を占め、世界で生産されるクルマの8～10％に同社で加工されたベーンが搭載されている計算になる。

■10個～月100万個の対応力

高度な部品加工力を生かして今日の地位を築いた同社だが、産業界の栄枯盛衰の波に揉まれてきた。代表例がVHSビデオデッキに内蔵される精密モーターのシャフト。最盛期はすべてのビデオデッキメーカーと取引があり、月産100万個を製造していた。その後モーターが小型化し、

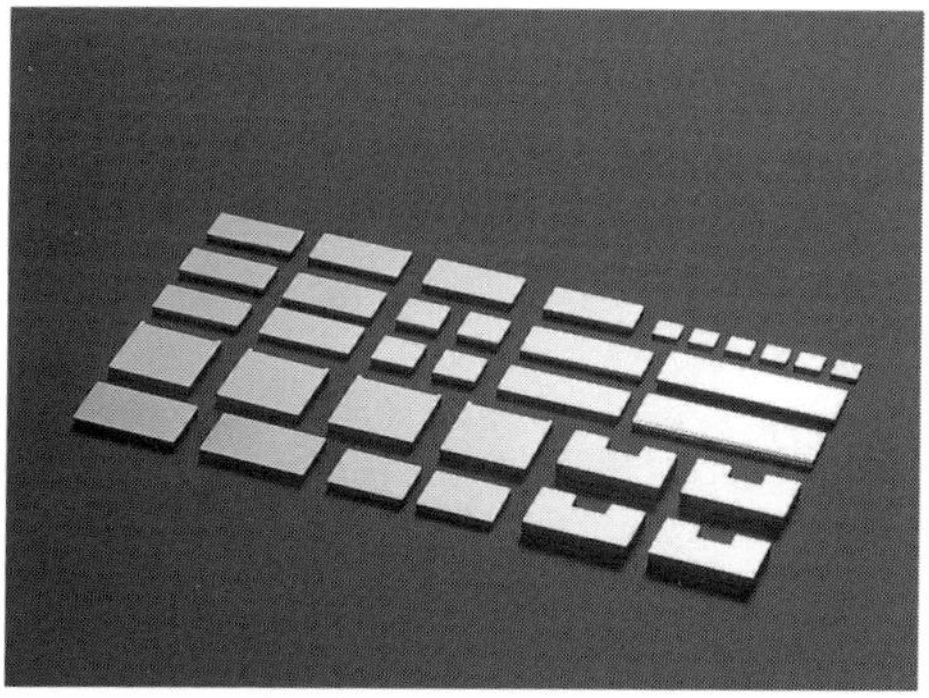

主力部品のポンプ用ベーン。その加工にはサブミクロンの精度が求められる

各種産業用刃物の生産も手がけている

他社の参入で単価が下落。やがてビデオという製品自体が消えてしまった。「当社のつくる部品は、ライフサイクルに応じていつかはなくなる宿命にある。ただ、時代とともに新しい素材や技術のニーズが出てくる。そこに安来の特殊鋼が使われるようであれば我々の出番はある」と守谷社長は話す。特に強みと自負しているのが小ロットの試作から大量生産まで対応できる対応能力。「10個単位の試作品から月産１００万個の量産まで、また試作品も熱処理を入れて最短3週間で納品できる。表面処理のニーズにも対応できる」（守谷社長）という。

２００８年には東京営業所を設け、受注拡大の体制も整えた。同社の技術を生かした高付加価値の部品は日本の製造業を支え続ける。

記者の目

「守谷刃物」ブランド育成へ

高度な機械加工技術を持ち小回りがきく部品メーカーとして、日立金属安来工場の事業を支え、ともに歩んできた。05年から著名コンサルタントの山田日登志氏の指導を受け、トヨタ生産方式を導入したエピソードも興味深い。これからは、「ヤスキハガネ」のブランドに加えて「守谷刃物」のブランドを育てていってほしい。

会社概要

所　在　地：島根県安来市恵乃島町 113-1
電話番号：0854-23-1311
創業年月：1953 年 5 月
事業内容：エレクトロニクス、航空宇宙関連などの部品製造販売ほか
売　上　高：35 億 1000 万円（2017 年 3 月期）
事　業　所：本社／東京営業所

URL：http://www.moriyacl.co.jp/

※「ヤスキハガネ」は日立金属（株）の登録商標です。

シリンダーとリフターを軸に新規事業開拓も力

ユニテック工業㈱

ユニテック工業は製鉄所の構内設備などで使う電動シリンダーや、自動車の車検場で用いる油圧・電動リフターなどを手がける。このノウハウを生かしてコンベヤーや台車、省力化機械といった産業機械の設計・製作も請け負う。本社工場には数値制御（ＮＣ）旋盤やフライス盤などを備えており、「まずはシリンダーとリフター事業基盤を固める」（田口社長）構えで、今後はこうした自社設備を積極活用しながら、シリンダーやリフター部品の内製化率も高めていく方針だ。主力事業が軸として太い幹に育ちつつあるが、

社是・理念

社是「愛情と技術」
理念「愛情ある環境の中で創造性あふれる機械づくりを通じて地域社会に貢献する」

代表取締役
田口 裕司 氏

新規事業の掘り起こしにも取り組む。2017年に開発した小型の風力発電機がその一例。工場の壁面などにシャフトを付けて簡易に据えられるタイプで、台風などの強風発生時には収納可能という。風向きに応じて羽根の向きを変えて風をとらえて回転する仕組みで、ユニテック工業では小規模工場向けなどに需要があるとみている。今後はエネルギー関連の製品開発にも力を入れる。

■経営理念を共有する機会で一体感醸成

一方で、同社の事業を支えるのは「人」でもある。同社では電動シリンダーの修繕業務で技術者が予防保全などの提案営業ができるようにしている。特に大型電動シリンダーの修理は主要部品の製作に3カ月程度を要するケースが多い。シリンダーの定期点検時に部品の複数製作を提案するなど納期短縮につなげている。しかも、他社製シリン

リフターの開発ノウハウを生かしてコンベヤーや台車、省力化機械などの設計・製作も請け負う

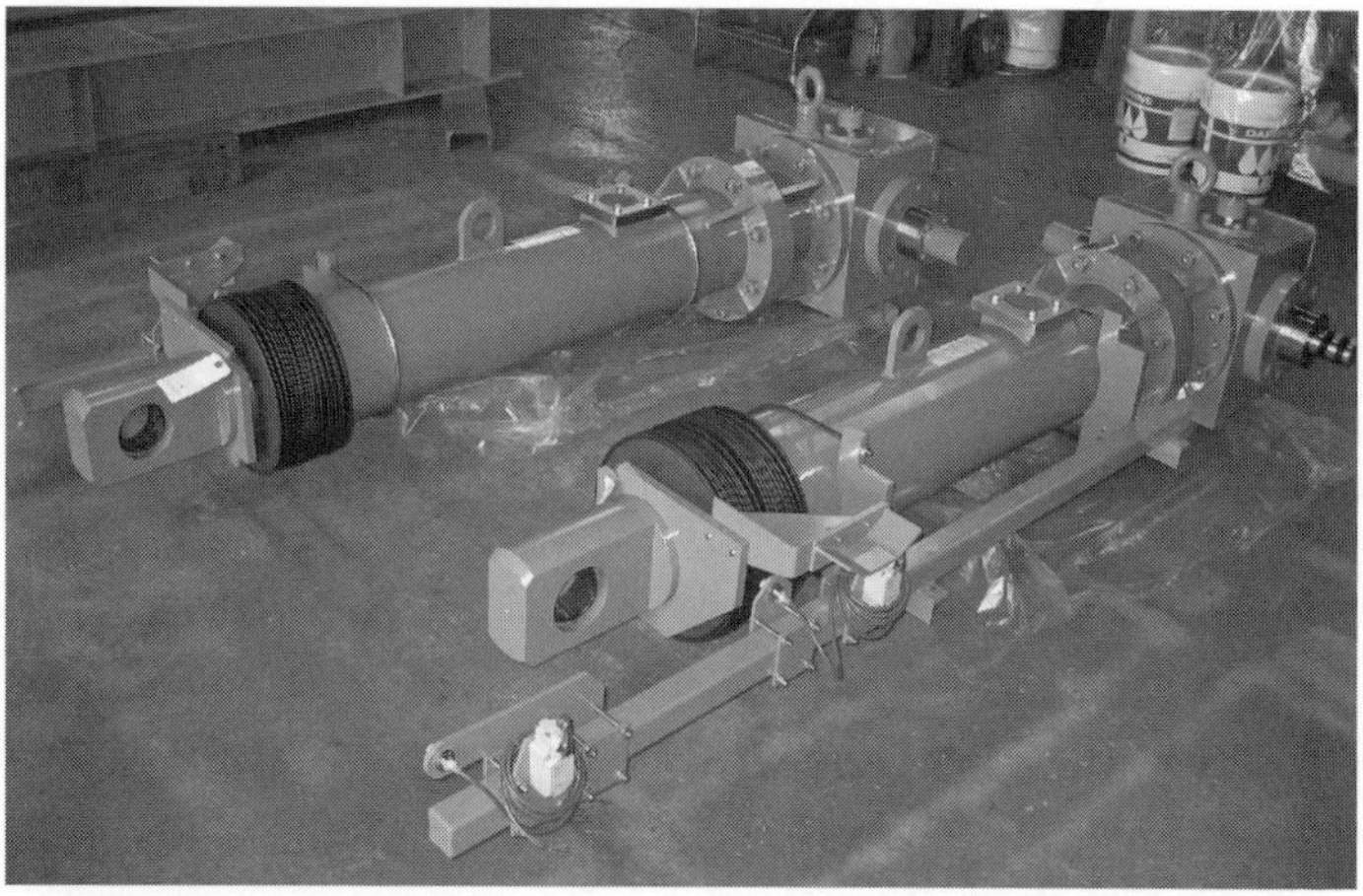

製鉄所の高炉内などで用いられるシリンダー。予防保全の提案営業も開始

ダーの修理も受けることで修理需要を掘り起こす。

人材育成にも力を注ぐ。2016年に就任した田口社長は17年末に同社初の幹部合宿を実施した。「経営理念を浸透させる機会に」と、まずは幹部社員の意識をしっかり統一したうえで、社員全員にユニテック工業の「魂動」が響くようにしたいと意気込む。さらに採用面でもユニークな工夫を凝らす。若年層を中心とした売り手市場の状況下、ミスマッチによる入社後すぐの退職を防ぐため、試用期間中のアルバイトとの掛け持ちを可能にした。この方法で実際に同社へ入社した若手が活躍しているという。

瀬戸内の風を肌に感じる立地環境のもと、ユニテック工業のモノづくりへの挑戦は続く。

記者の目

オンとオフの切り替えで"いい仕事"に

製鉄所の構内設備に使用される電動シリンダーなど、備後地域のモノづくりに寄り添ってきたユニテック工業。同社をけん引する田口社長はカントリーやブルースなどオリジナル15曲を収めたアルバムを発売した本格派のミュージシャンでもある。同社全体にも仕事のオンと休日のオフをしっかり切り替えるという、良い相乗効果が波及している。

会社概要

所　在　地：広島県福山市南松永町3-5-45
電 話 番 号：084-933-4027
創 業 年 月：1985年7月
事 業 内 容：電動シリンダー、油圧・電動リフターなど製造、産業機械の設計・製作ほか
売　上　高：3億5000万円（2017年12月期）
事　業　所：本社工場

URL：http://www.uniteckg.jp/

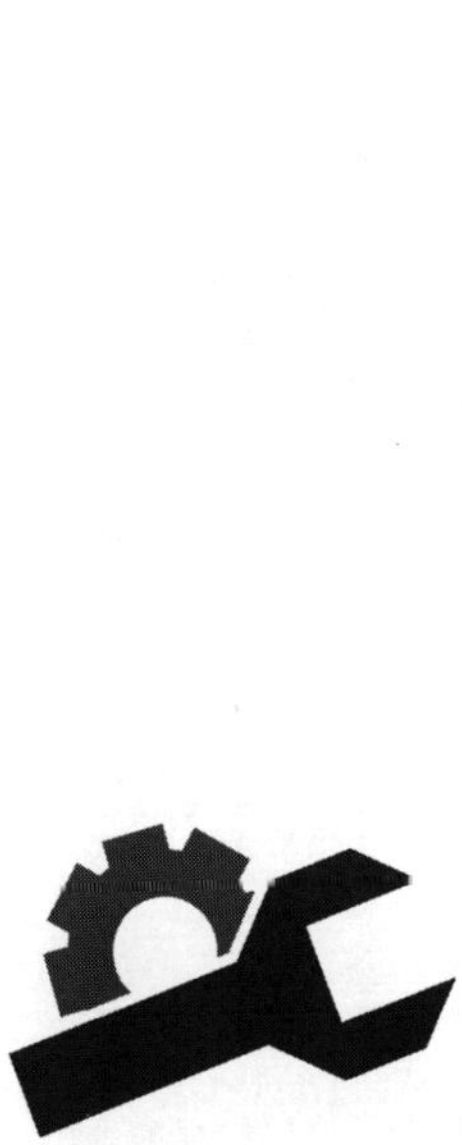

第2章

電機・情報

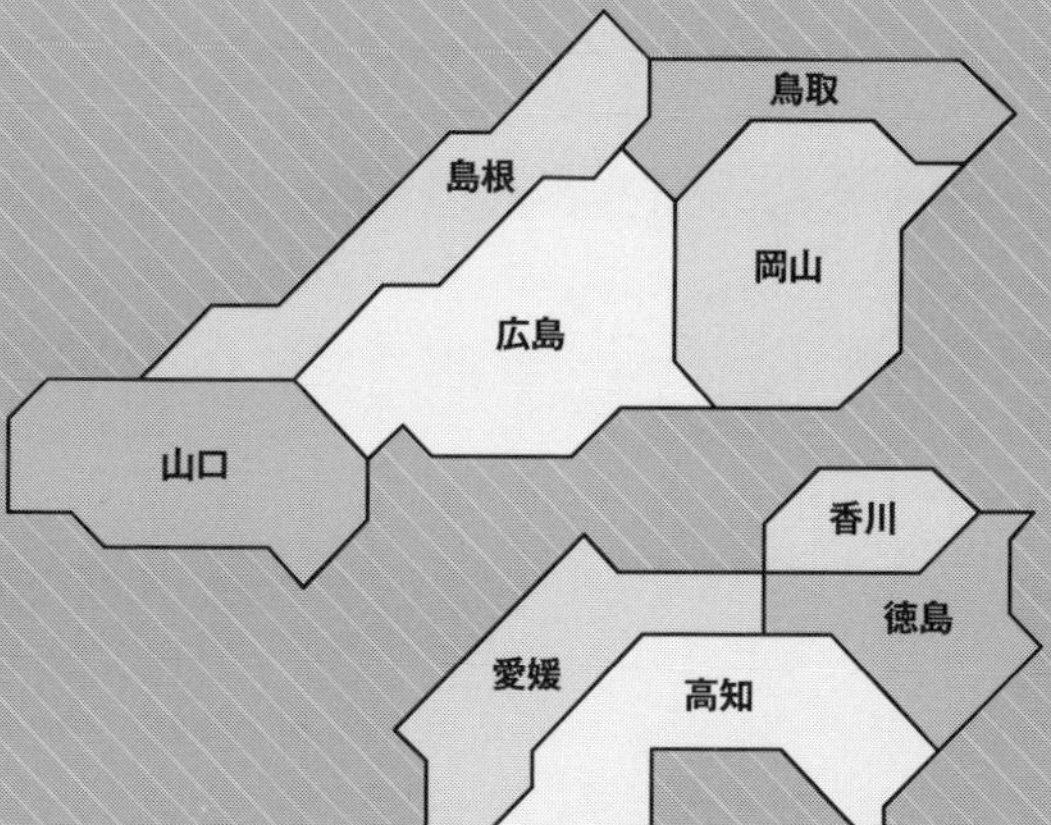

産業用パソコンのトップメーカー

㈱インタフェース

インタフェースは産業用パソコンの国内トップメーカー。製品は鉄道や電力などの社会インフラ関連システムや、工場の検査システムなどで使われている。重要な用途で使われるため24時間365日の連続運転や、振動や衝撃、高温・低温、突然の電源遮断などに耐える高信頼性が求められる。パソコンは今や海外製が当前となったが、同社の産業用パソコンは社内で設計し、大分県国東市と広島県大竹市の国内2工場で生産する。国内設計・生産品ならではの高品質を特徴とする。同社の歴史を見ると黎明期からパソコンと

社是・理念

1．夢と自由
2．人間尊重
3．技術

代表取締役社長
妹尾　年朗 氏

ともに歩み、パソコンを知り尽くしていることが伺える。大ヒットとなったNECの「PC−8000シリーズ」が発売される1年前に広島市内で開業し、「NECマイコンショップ」の全国1号店となった。その後、拡張ボードから産業用パソコン本体へと事業領域を広げてきた。

■特徴は長期サポートと高信頼設計

同社製品の特徴はしっかりした長期サポート体制にある。一般のパソコンでは、ソフトウエアのバージョンアップやCPUやメモリの性能向上が早すぎて、数年も経てば性能が陳腐化する。これに対し同社のパソコンは、製造元が長期サポートを約束している組込み用の基本ソフトやCPUを使用。メーカーが部品在庫を持って10年間は継続生産できる体制を取っている。

生産面では、国内2工場の稼働や品質データをリアルタ

自社開発した生産管理システム。IoT活用し稼働や品質の状況を一元管理できる

超小型産業用パソコン「SuperCD」。20歳代の若手8人で開発した

イムで収集し一元管理するシステムを自社開発した。製品設計は広島本社で行い、HDDやファンモーターなどの回転部品をなくした高信頼設計が可能。温度試験や耐震・耐衝撃など各種試験を行ったうえで、性能保証して出荷する。

社風はオープンで若手を尊重する。2016年に発売した超小型パソコン「SuperCD」は若手活用の好例。名刺2枚分の小さな筐体に耐環境性能など産業用パソコンに求められる機能を詰め込み、高いデザイン性と6万9800円（100台購入時）の低価格まで実現した。当時の平均年齢28・6歳、若手社員8人からなる開発チームは、つくった製品とともにこれからのインタフェースを支えていくことだろう。

記者の目

産業用パソコン、独特の付加価値で生き残りへ

パソコン業界は、基本ソフトとCPUのメーカーが利益の大半を持って行く「ウィンテル」モデルに支配されているという見方が一般的だろう。にもかかわらず、丁寧なサポート対応や過酷な環境での動作保証など独特な付加価値を見出して生き延びてきたインタフェースの存在は興味深い。高信頼な産業用パソコンはこれからも生き残っていくはずだ。

会社概要

所在地：広島県広島市南区京橋町10-21
電話番号：082-262-7777
創業年月：1978年2月
事業内容：コンピュータ関連装置、システムの研究・開発・生産・販売・サービスほか
売上高：38億9400万円（2017年8月期）
事業所：本社／営業オフィス（東京、大阪、名古屋）／事業所（大分、広島）

URL：http://www.interface.co.jp/

技術と心で信頼されるシステム開発

㈱エコー・システム

エコー・システムは1989年の創業以来、どの系列にも属さない独立系企業として、ソフトウエアの開発・販売を中心に幅広い分野でのシステム開発を手がけている。設立当初からイスラエル製のアプリケーション開発ツール「dbMagic」を活用しており、設立後、間もなく開発したのが基幹系販売管理システム「EchoPack(エコーパック)」だ。他の市販のパッケージソフトと異なりソースを開示している。そのため、ユーザーはプログラムの中身を参照し、カスタマイズしてオリジナルのパッケー

社是・理念

人との出会い・縁を大切にし、相互理解・相互信頼のもとに、共存共栄し、夢のある会社を目指す。

代表取締役社長
宇郷 亮 氏

ジとして売り出すことができる。しかも開発時間・コストを抑えられ、これまでに800社を超える導入実績がある。販売先は名だたる大手を含む同業者だ。それだけでもソフトウエア業界における同社の立ち位置が見て取れる。

ソフトウエア会社というと、事務所でひたすらパソコンのキーボードを叩いている印象を受けるが、同社がもっとも重要視するのは「人との出会いと縁」。宇郷社長は「お客様がエコー・システムと付き合って良かったと思っていただけるよう社員一丸となって努力し、夢のある会社づくりを目指したい」と語る。宇郷社長のキャラクターもあり、社内はすこぶる明るい。

■毎日の弁当注文の煩わしさを解消

そんな人とのつながりの中で生まれたユニークなシステムがある。従業員が100人以上の事業者では総務部門の

お弁当注文管理システムでは選択した弁当にタッチして注文が行える

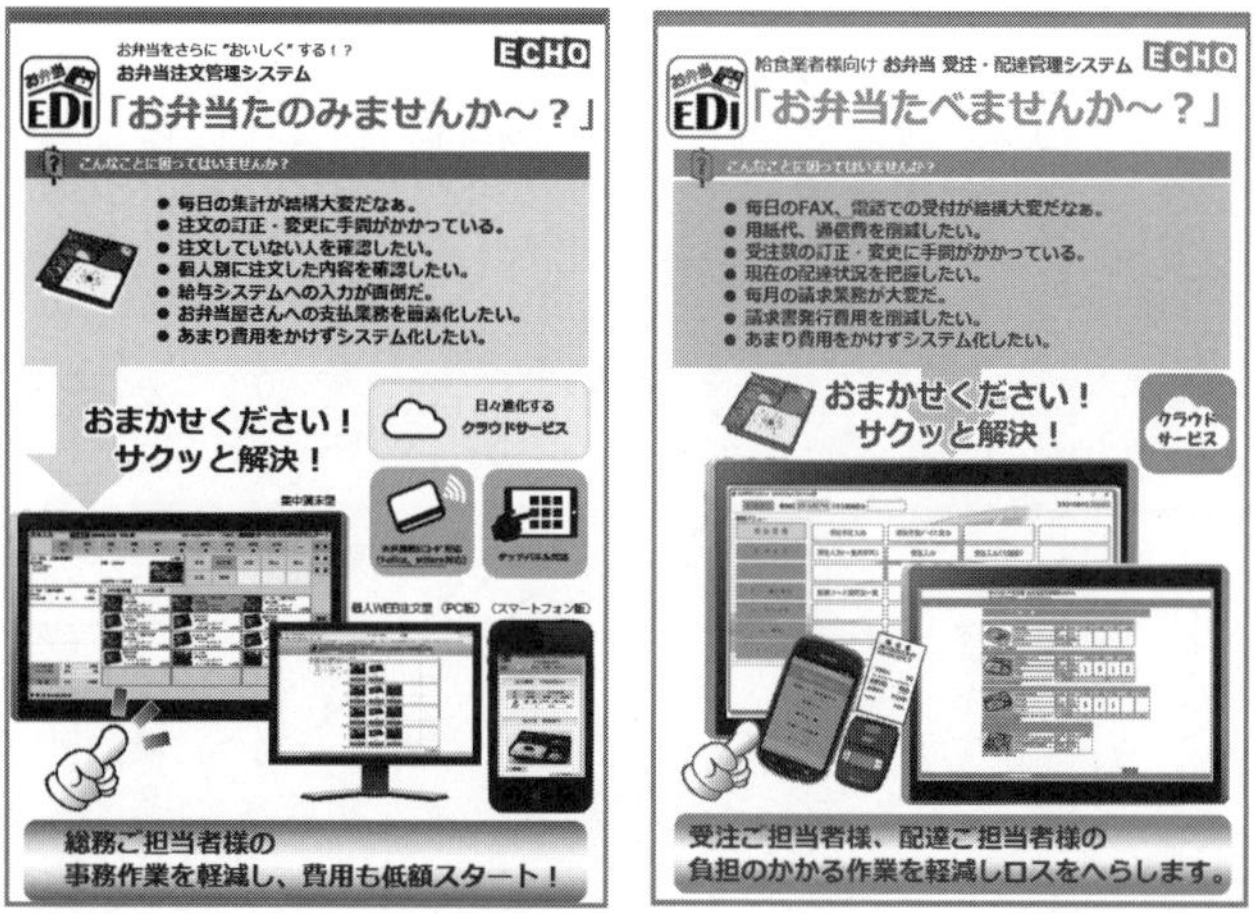

弁当の注文から受注、配送までが行えるクラウドサービス「お弁当EDIシステム」

担当者などが、その日の弁当の数の集計や給食業者への発注に時間を取られており、発注漏れのトラブルも少なくない。そんな状況を見聞きして開発したのが、お弁当注文管理システム「お弁当たのみませんか〜?」と、給食業者受注・配達管理システム「お弁当たべませんか〜?」である。企業や工場で毎日行われている弁当の注文から取りまとめ、発注、配達、請求、給料天引きなどまでトータルでサポートする。

発注企業と給食業者の双方を、クラウドデータベースを利用してつなぎ、受発注処理が行える。お弁当の集計や発注は、担当者にとって煩わしく神経も使う作業。同システムは、ある意味深刻な日本のお弁当問題の解決ツールとして、全国の工場やオフィスで活躍し始めている。

記者の目

多数のパッケージソフトの販売につながる

基幹系販売管理システム「EchoPack」は、国内の同業者など約800社が導入しているベストセラー。これをベースに各社がカスタマイズし、それぞれがいくつかのパッケージソフトとして販売している。そういう意味では、EchoPackを使って世の中に出たパッケージソフトは、おそらく数えきれないほどであろう。

会社概要

所　在　地：広島県広島市南区金屋町3-13タミヤビル5階
電話番号：082-264-5512
設立年月：1989年9月
事業内容：コンピュータソフトウエアの受託開発、パッケージソフトの開発・販売、業務アプリケーションソフト開発・販売など
売　上　高：9億8000万円（2017年9月期）
営　業　所：東京・福岡・名古屋・大阪・福山・浜田・岡山・松山

URL：http://www.echosystem.co.jp/

製造業向け調達パッケージソフトのフロンティア

㈱オネスト

製造業にとって、原料や部品の調達コストは製品原価に直結し、調達の業務効率化は競争力の核心を握る。オネストは、この調達業務に精通した独立系のソフトウェア会社だ。2001年に発売した調達パッケージソフト「発注型Web-EDIシステム e商買《しょうばい》」は、発売以来、機能強化を積み重ね、最新バージョンは7・2に至った。この間ユーザー数は国内外175事業所に拡大。2万9000社以上の調達先企業で使われるまで広がっている。パッケージソフトのメーカーといえば、大手企業が多い業界内で、島根県の独

社是・理念

オネストは、お客様を大切にします
オネストは、社員相互を理解し、尊重します
オネストは、創意工夫のもとに、より良いシステムの開発に努めます
オネストは、独自の技術やサービスを活用できる市場の開拓に注力します
オネストは、適正利潤を追求します
オネストは、各種法令を遵守します
オネストは、グローバル社会に貢献します

代表取締役社長
石碕 修二 氏

立系企業がどのように厳しい競争を勝ち抜いてきたのか。

■e商買、成功の秘訣は社長の発想と顧客目線

まずは調達業務に特化し、複雑化する顧客ニーズに応えてきたことが挙げられる。カバーする業務は、見積もり依頼に始まって受発注や入出荷、売掛明細通知まで、標準的な業務手順として広く一般に浸透しているＥＩＡＪ－ＥＤＩ手順に準処している。直近のバージョンアップでは法令遵守という世の趨勢に合わせ、取引データの保存機能を強化。またグローバル版を新たにリリースし、アジア地域の言語や全通貨に対応可能とした。同時に、インターネットを通じてソフトウェアの機能を提供するクラウドサービスも開始した。バージョンアップに当たっては事前に顧客へアンケート調査を行い、ニーズを的確にくみ取って製品開発を行っている。

東京で開催される「設計製造ソリューション展」に毎年出展。約3000人の客を集める

「e商買」のパッケージ

営業の体制にも特徴がある。導入前のコンサルティング活動、導入支援から導入後のサポートまで自社で一貫して手がけている。石碕社長はその狙いについて「自社で手がけることで調達業務の実務全体が見え、ソフトウェアの改良に役立てられる」と話す。これにより社内に調達の業務ノウハウが蓄積され、人材育成にもつながる。社員の定着率を高めてきたことも併せ、同社が調達業務に精通したITエンジニアの集団へと進化する上での原動力となってきた。

現在、同社は「e商買」のさらなるバージョンアップについて検討を進めている。キーワードはIoTやAI。これら最新技術を活用した次世代のEDIが、調達業務をどう進化させていくのか。注目を集めそうだ。

記者の目

製品と社員、じっくり育成し成果

石碕社長の話からは、製品と社員をじっくり育ててきたことがわかる。顧客ニーズを調査してバージョンアップの内容に生かすのは、とかく一方的な欧米の大手パッケージ会社とは正反対の顧客志向の高さとともに、じっくりと機能強化を図っていることが伺える。人材面でも、待遇をよくして定着率を高める努力をしてきたという。こうした姿勢が客層の厚さにつながってきたのではないか。

会社概要

所 在 地：島根県松江市上乃木 4-23-50
電話番号：0852-31-8835
設立年月：1995 年 4 月
事業内容：パッケージソフトウェアの開発、ソフト受託開発など
売 上 高：8 億 1000 万円（2017 年 3 月期）
事 業 所：東京支店

URL：http://www.onest.co.jp/

エネルギーとコンピュータで豊かな暮らしのパートナーを目指す

スタンホールディングス㈱

スタンホールディングスは、1918年に設立された海運業や石炭販売を行う合資会社近藤商店が始まり。エネルギー資源の変遷とともにプロパンガスや石油製品の販売で事業を拡大した。現在は同グループのスタンがLPガスなどの石油製品を徳島県内全域に供給している。一方、82年には米IBMの特約店となり、コンピュータ販売にも参入。現在はスタンシステムがハードの販売をはじめ企業向け経営支援ソフト開発やインターネット事業などを展開しており、両社が同グループの2本柱となっている。

社是・理念

「企業は社会に貢献し信頼されるものでなくてはならない」という信念のもと、エネルギーとコンピュータテクノロジーを通じて人と人とのネットワークを結び、明日の暮らしを豊かにする企業を目指す。

代表取締役
近藤 紳一郎 氏

スタンシステムが行うコンピュータ事業では、経営支援の見える化ソフト「Ｓｃｏｐｅ」や仕入販売管理ソフト「ＳＰＲＩＮＧ」といった企業向けパッケージソフトや、地方公共団体や学校法人向けのファイル送信ソフト「ＤＥＣＯ」が好評を得ている。併せて、情報通信技術（ＩＣＴ）を活用した課題解決のための提案活動と解決策の構築、運用、技術支援サービスを一貫して行っている。

現在はＩｏＴ分野に注力しており、自動制御式ＬＥＤ植物工場におけるセンサーや人工知能分析、低コスト通信手段とＡＩを用いた地域課題の解決に取り組んでいる。

スタンが行うエネルギー事業においては、業務のシステム化による顧客情報の共有やタブレット端末の活用など、スタンシステムが提供するＩＣＴを活用。業務の効率化はもちろん、顧客の購入履歴などをもとに個々のニーズにスピード感を持って対応できるのが強みとなっている。

LP ガスなどの石油製品を徳島県内全域に供給

スタンシステムが販売するサーバー機器

■地域密着型IoTインフラを構築

現在、同グループではスタンシステムのICTとスタンが有するエネルギー供給網を生かして、IoTネットワークサービスの実用化に向けた実証実験を開始。IBMなどの機器メーカーの協力を得て地域密着型のIoTサービスのプラットフォーム構築を目指している。次世代通信規格LPWA(ローパワーワイドエリア)の1つである「LoRaWAN」を用いて、ガス検針システムやGPSの導入により配送効率の向上を目指すが、将来的には、このIoTインフラが観光や農業など地域の課題解決への活用が期待されている。

記者の目

IoT が地域の課題を解決する

同グループが注力する IoT や AI の技術の普及は、少子高齢化・人口減といった地域の課題解決に重要な役割を果たす可能性があり現在、構築を進めている IoT インフラへの期待も大きい。こうした期待を背に、2018 年に設立 100 周年を迎える同グループでは今後、5 年間～ 8 年間の間にグループ内企業の株式公開を目指す。

会社概要

所 在 地：徳島県徳島市川内町平石流通団地 21
電話番号：088-665-0700
設立年月：1918 年 2 月（スタンなどの前身、合資会社近藤商店の設立）
事業内容：各種ガスの販売・工事、コンピュータ販売、システム開発、産業用システム開発、インターネットプロバイダー事業、旅行代理店など
売 上 高：スタン 20 億円(2017 年 3 月期)／スタンホールディングス 9 億円(同)／スタンシステム 5 億円(2016 年 12 月期)／その他関連会社計 5 億円
事 業 所：スタン：徳島事業所、阿南支店、上板事業所（中核充填所）、西新浜給油所／スタンホールディングス：万代町本社／スタンシステム：万代町本社

URL：http://www.stan.co.jp/

ソフト・ハードの両輪で市場を拓く

パシフィックソフトウエア開発㈱

地方に立地しながら広い展開が可能になる産業として中谷社長は1972年、パシフィックソフトウエア開発を立ち上げた。四国におけるソフトハウスの草分け的存在。社名には国内の地域を限定しない「パシフィック（太平洋）」を掲げ、新しいモノを生み出すという思いから「開発」を加えた。自動倉庫などのFA、レーダー信号処理などの電波、POSなどの流通関連システムを3本柱とし、ソフトの一部を開発するのではなく技術の蓄積が可能なシステム全体を受注、構築する制御分野に特化している。

社是・理念

≪PSD 行動理念≫
我々は、技術という道具を持った開拓者
常に可能性を信じ、挑戦する
技術は自己の生命線　あえて称賛や感銘を求めず、ひたすら利便と安心を提供し、他と共生できる環境の構築と人類の進歩に貢献したい
我々の場は、公平という言葉のみが支配する、自由活発・開かれた時空間　そこに妥協や打算はなく、あるのは責任と情熱、開拓者としての信念　そしてなにより優先するのは、人を信じ、愛すること
我々に停滞はない　未来への限りない変化が我々の存在根拠　我々は永遠に開拓者
2000年（平成12年）春　中谷正彦

代表取締役社長
中谷 正彦 氏

■変化こそ進化

「この20年間で新製品を生み出す開発力はさらに高まった」。中谷社長はこう自信をのぞかせる一例が、浚渫作業専用の超音波測深装置「SeaVision（シービジョン）」だ。もともと超音波技術はゼロ。あるのは制御技術のみ。超音波関連デバイスは市販されており、これらを使えば早期の製品化は可能だった。しかし、コア技術は自社開発するとの信念のもと、あえて10年をかけて一から学び、経験し、試行錯誤の末、すべてを自社開発して完成に漕ぎ着けた。このことにより今後の製品改良や新製品開発の自由度が増し、大きなアドバンテージを得たと自負している。

シービジョンは1997年に初期モデルを発売。モデルチェンジを重ね、売れ始めたのが5年前。このあと1～2年の間でトップシェア製品に上りつめた。2016年には

新たなモノ生み出す開発現場は活気にあふれている

ゼロベースで開発した超音波測深装置「SeaVision」

さらに新モデルを市場投入し、周辺機器の開発も続けている。

同社はソフトとハードの融合領域・接点領域を得意とし、両方を理解する人材を育ててきた。一方のみの理解にとどまれば課題解決において一方に偏り、最適なアプローチを逃すからだ。ここ数年、進展したロボットやＩｏＴの時代において、この人材のアドバンテージは大きい。「20年後、30年後には『ソフトウエア』を名乗れない業態になっているかもしれない」と笑う中谷社長。現代における1つの事業のライフサイクルを10年と捉え、基盤技術から創出可能な将来の事業を考える。一方で、次世代のさらに先まで起業家としての経験と会社のすべてを受け継ぐための人材育成にも力を入れている。

記者の目

百折不撓の勝利

3 本柱を軸に自社製品の開発に邁進した。地道な信頼の獲得、事業基盤の確立が10年間の開発猶予を得ることにつながった。あきらめずに製品化にこぎ着けた製品はトップシェアを獲得。強い経営基盤とともに市場を見極める重要さがわかる。同社はハードの生産を地元企業に外注しており、地域産業の活性化にも貢献している。

会社概要

所 在 地：高知県高知市本宮町105-22
電話番号：088-850-0501
設立年月：1972年9月
事業内容：制御系ソフトウエア開発、浚渫支援システム「SeaVision」製造販売、メカトロニクス・電子制御機器の開発
売 上 高：5億3200万円（2017年3月期）
事 業 所：高知本社／大阪開発センター

URL：http://www.pacificsoftware.co.jp/

IoT時代に活躍の場広げる組込みのスペシャリスト

ヒロコン㈱

身近な家電製品から大規模な産業機器まで、組込みシステムは今やありとあらゆる機器に搭載されている。ヒロコンはこの組込み開発のスペシャリスト。ハードとソフトの両面を深く知る同社の技術は、IoT時代に活躍の場を広げようとしている。創業は1985年。東京でエンジニアをしていた和田社長が故郷に近い広島市に帰って会社を興した。以来32年にわたり広島の地で組込み開発を手がけてきた。この間、電子回路は小型化、ワンチップ化していき、搭載されるソフトウエアも複雑化かつ大規模化してきた。その歴史と

社是・理念

最先端の技術を駆使して社会に貢献し、豊かな生活を実現する。

「優れたシステムは、真に自由で創造的な空間からこそ生まれる」と考え、社員一人一人がもっとも能力を発揮しうる環境の中で、やりがいのある仕事に挑戦し、それによって高付加価値を実現し、その利益を社員個人個人に還元する。

代表取締役社長
和田 裕幸 氏

ともに歩んできた同社が手がける技術分野は実に幅広い。アセンブラ言語でのプログラミングから、電子回路の設計、工程管理のような業務システムの開発まで及ぶ。和田社長は「やったことがないからできませんとはエンジニアとして言えない。苦労して乗り越えることで経験値が上がる」と話す。

■社会を支える受託開発と多彩な製品

顧客は関東・関西圏などに幅広く、売上高の約9割を受託開発が占める。このため具体的に携わったプロジェクトを公表できないのが残念なところ。だが、日本社会の動脈を支えるインフラシステムや最先端の工場を支える自動化システムなど、聞けば驚くような顧客や用途で同社の組込みシステムは動いている。最近ではその技術を生かして自社ブランド製品にも力を入れる。その一例がICタグを使って部品の入荷から製品の組立出荷まで生産現場の情報を収集・

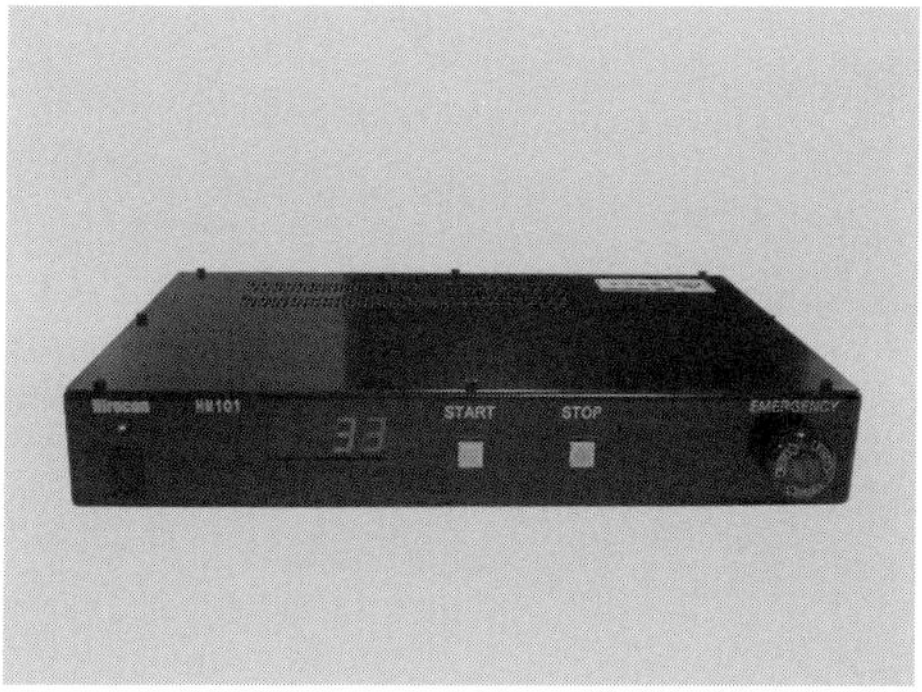

マツダや広島大学と開発した塗膜の耐食性評価装置

生産現場のデータを吸い上げ工程管理する「スマートトレースシステム」

管理できるシステム。ＩｏＴの標準言語でクラウドと連携することで「インダストリー４・０」のような最新技術にも対応可能。ほかにもマツダや広島大学の技術供与を受けて開発した防錆塗装の耐食性評価装置や、簡易グループウエアのようなパッケージソフト「行先デカ」などユニークな自社商品が多々ある。売上高の５割まで自社ブランド品を育てるのが目標だ。

そして、現在力を入れているのが若い世代の育成と技術伝承。高信頼な組込みシステムの開発にはハードとソフト両面の知識が必要で、エンジニアの育成には時間がかかる。「色のついていない若い人を育てたい」と和田社長。技術で課題を乗り越えてきたエンジニア精神を後世に引き継いでいく考えだ。

記者の目

技術を磨ける職場環境

「できないのはメカそのものの開発と高周波無線の回路。あとはなんでもできます」。和田社長はこともなげに話すので驚いた。実際に手がけてきたシステムや製品は実に多彩で、和田社長の説明もとどまることを知らない。モノづくりや電子技術が好きな人は、自らの技術を磨ける良い職場なのではないか。

会社概要

所　在　地：広島県広島市安佐南区中須1-16-10
電話番号：082-831-0121
設立年月：1985年10月
事業内容：各種マイコン、スマートフォン、タブレット、パソコン応用システムの開発など
売　上　高：1億4000万円（2017年9月期）
事　業　所：東京開発部

URL：http://www.hiro-con.co.jp/

第3章

化学・環境

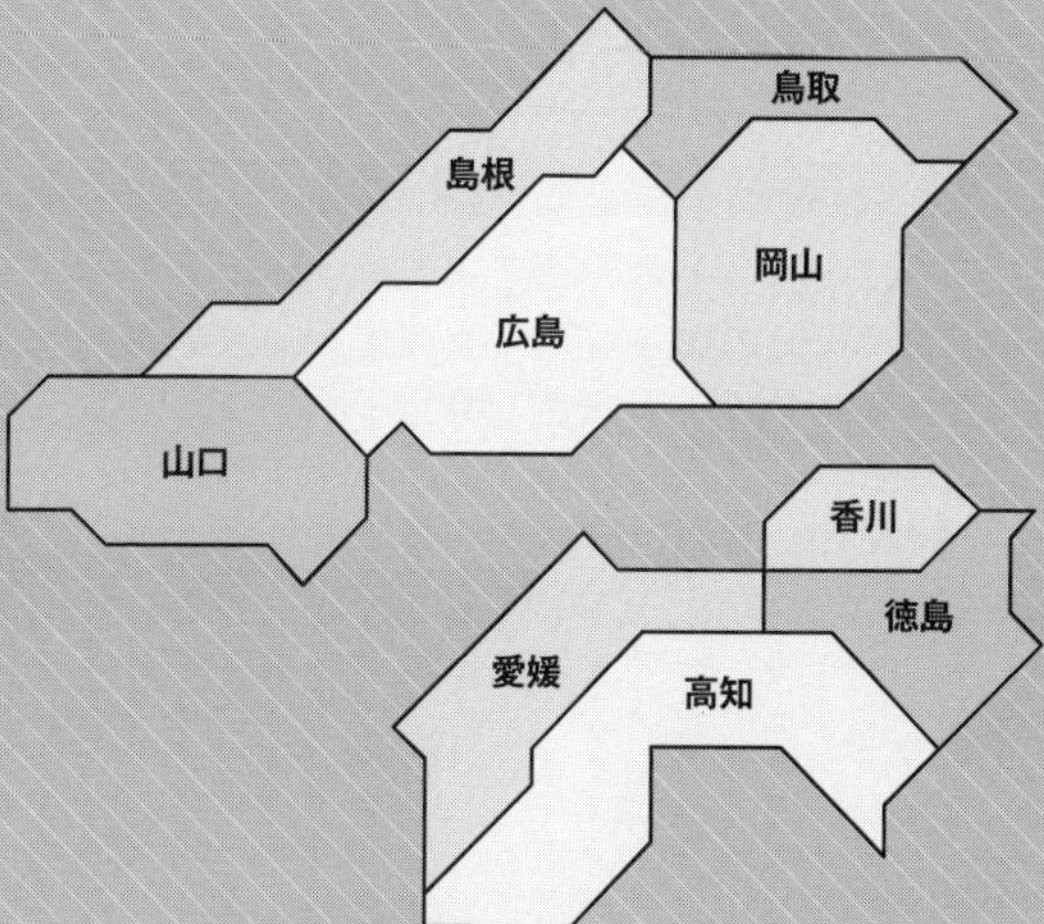

長年の研究開発の積み重ねから、新しい『価値』を産み出す先端機能材メーカー

阿波製紙㈱

１９１６年に徳島県初の機械抄き和紙メーカーとして設立した阿波製紙は、和紙需要の減退に伴い、49年にセルロイド原紙などの特殊紙製造を開始した。現在、同社が開発した特殊紙や機能材料は、エンジン用フィルターやクラッチ板用摩擦材などの自動車関連資材から、純水や廃水処理などに用いられる分離膜支持体など、幅広い産業分野で利用されている。

同社が得意とするのは、複数の原料を混ぜ合わせて新しい機能を持つ『複合材料』の開発。原料の配合量や組み合

社是・理念

「紙の可能性を追求し、多様な機能材との新結合を図ると同時に、環境との調和を目指した商品・サービスの提供を通じて、人類・社会に貢献する」ことが経営理念。
「KAMIにできないことはない」を合い言葉に、紙の領域を超えた価値の創出を追求する。

取締役社長
三木 康弘 氏

わせは無限で、時にはうまくいかないこともあるが、そうした経験も含めて蓄積したデータベースが、研究開発型企業を自負する同社の大きな財産となっている。「長年受け継がれてきた秘伝の隠し味や、試行錯誤の末に産み出した独自の調理法を用いて最高の材料を調理するようなもの」。三木社長は、自社の強みを料理に例えて、そう表現する。

■新素材開発で新市場を開拓

次世代の中核事業として現在、注力しているのが、液体濾過装置「Ｍ－ｆｉｎｅ」と、炭素繊維複合材「ＣＡＲＭＩＸ」の販売。これまで水処理関連資材を製造してきた同社にとって初の最終製品となる。

Ｍ－ｆｉｎｅの市場投入により「当社は水処理関連資材に強みを持っているが、これまでと違った情報を得ることができ、水処理関連市場の知識がより深まる。本業の機能

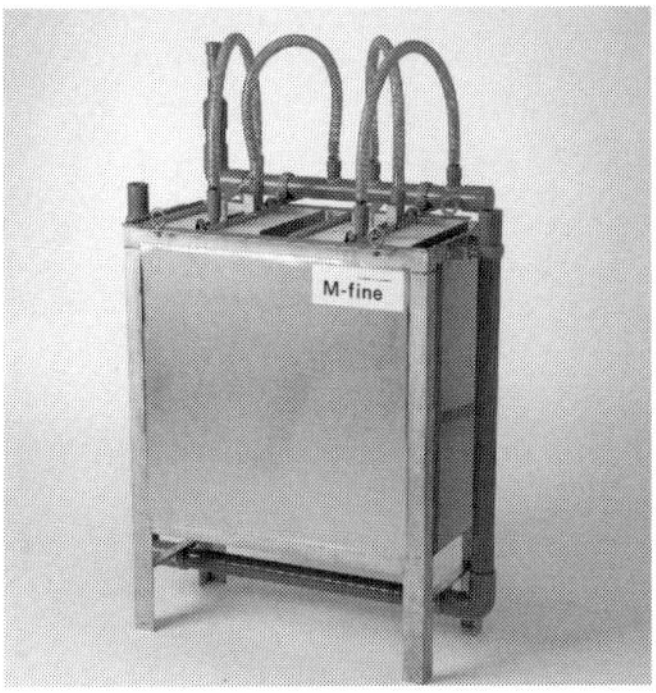

中核事業として注力する液体濾過装置「M-fine」

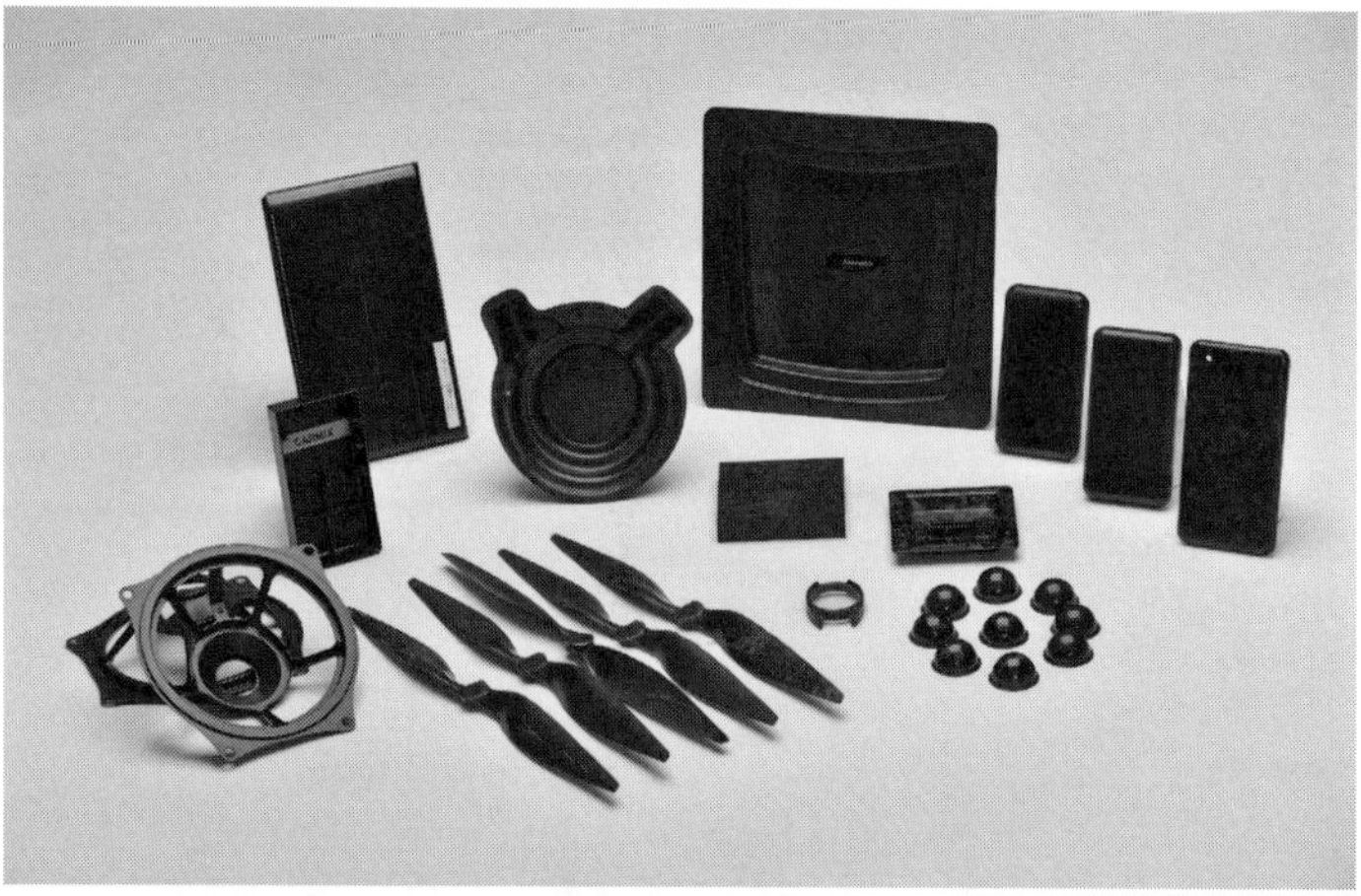

電磁波吸収材などでの利用が期待される炭素繊維複合材「CARMIX」

紙の開発にも役立っている」（三木社長）と、開発の意義を語る。一方、ＣＡＲＭＩＸは、軽量・高強度の炭素繊維、熱伝導性や通電性のある黒鉛、気体の吸着機能に優れた活性炭などを原料とする複合材。ＣＦＲＰ、熱伝導材や電磁波吸収材としての利用が期待されている。「市場は限られるかもしれないが、阿波製紙でないとつくれない複合材を開発していきたい」（同）と、引き続き、さまざまな機能を持つ炭素繊維複合材の研究開発を重ねていく方針だ。

今後も「製紙会社というイメージや意識を払拭し、総合的な機能材料メーカーとして技術を売っていきたい」。三木社長がこう語るように、研究開発型企業としてニッチでも同社にしかできない製品開発に注力する姿勢に揺るぎはない。

記者の目

県内産業界のリーダーとして地域をけん引役に

同社の総売上に占める海外比率は現在約54％で、今後も北米やアジアを中心に増加する見通し。2017年にはタイや中国の生産拠点を増強し、供給体制の拡充にも抜かりはない。

今後は、三木社長が「徳島県の製造業をリードしていけるような企業グループになりたい」と語るように、徳島県産業界をけん引していくリーダーシップにも期待したい。

会社概要

所　在　地：徳島県徳島市南矢三町 3-10-18
電話番号：088-631-8100
設立年月：1916年2月
事業内容：各種特殊紙・機能材料の開発・製造・販売
売　上　高：163億円（2017年3月期、連結）
事　業　所：徳島、小松島、阿南（工場）／支店（東京）

URL：http://www.awapaper.co.jp/

あらゆる分野で地域社会の発展に貢献

㈱KGGホールディングス

ＫＧＧホールディングスは、２０１６年に前身の木下グループから移行して誕生した。傘下には、建設・土木事業の木下組を筆頭に10社のグループ企業がある。

同社を率いるのは、１９８８年に代表となった田中敏彦社長である。田中社長は「時代が求めていること、人の役に立つことに、常にチャレンジしていきたい」と語る。その信念を固めたのは、約12年前にアスベスト除去の仕事に携わり、社会に貢献できる仕事をしなければならないと痛感したからだ。

社是・理念

一大企業群を創り上げげんと青雲の志をもって高く掲げた旗印のもとへ参集した我々は、温かく包含する地域社会と共に、生き・生かされている「感謝」の心を持ちます。「感謝」の心を具現化するため、自己研鑽・自己鍛錬に努め、人間としての完結を目指します。

代表取締役社長
田中 敏彦 氏

■地産地消を追求する

これまで同社は環境関連を中心にさまざまな事業にチャレンジをする中で、太陽光発電事業に本腰を入れた。地元でつくった電気を地元で使う〝エネルギーの地産地消〟を目指している。「固定価格買取制度（ＦＩＴ）終了後が楽しみだ。蓄電技術の発展が必要だが、地元の方々に安く、効率的に電気を供給し、喜んでいただきたい」（田中社長）という。現在、広島県を中心に12カ所の発電所を保有している。その中でも最大規模の発電所は、広島県千代田工業・流通団地で運営している木下第一発電所。２０１３年９月から発電を開始した。敷地面積は約１万７０００㎡。整然と効率的に配置された京セラ製の高出力太陽電池２４２Ｗ×４５５２枚が発電した直流電流をドイツＳＭＡ社製の５００ｋＶＡパワコン２台が交流電流に変換し、年間１１０

太陽光パネルが整然と配置されている木下第三発電所

水耕栽培で香草やハーブ類を促成

木下ファームの商品の数々

万kWAの電力を33年8月末日までの20年間にわたり中国電力に売電する。また、17年9月には和歌山県御坊市に初の県外発電所を開設した。

一方、農業事業では、NFT式（培養液を薄く流下させる）の水耕栽培でパクチーやバジルなどのハーブ類を栽培し、広島県内を中心に出荷している。「木下ブランドとして、安心安全で安定供給ができる野菜をつくっていきたい」（田中社長）という。新たに4棟のハウスを増設し、少量多品目栽培を進めている。また農業に進出した目的として、狭小農地における農業の自立と中山間地域の活性化につなげたいとし、今後は障害者雇用や新規就農者の雇用も視野に入れている。

記者の目

成長の源泉は感謝とチャレンジ

同社は「環境」をキーワードにさまざまな分野にチャレンジをして成長している。今後も新たな分野へのチャレンジを続けるという。その成長の理由は、社員・社会・地域に感謝し、貢献したいという田中社長の思いにあるのではないだろうか。会社は社員１人ひとりが幸せになるために存在していると話す田中社長の目は優しく輝いている。

会社概要

所　在　地：広島県広島市佐伯区五日市町石内 5998-1
電話番号：082-942-1760
設立年月：2016 年９月
事業内容：建築土木、環境調査、保守点検、太陽光発電、海外事業、農業、住宅施工・リフォーム、給排水設備などの関連会社事業に関する経営指導など
事　業　所：本社／廿日市事務所、中区事務所／広島東営業所

URL：https://kgg.co.jp/

ステンレスの焼け取り・表面改質で世界をリード

㈱ケミカル山本

「ステンレスに耐食性（つよさ）と輝きを」を経営理念に、ケミカル山本は36年の年功を積み重ねた現在も業界のトップランナーに位置し続ける。創業は１９８２年。当時はステンレス鋼の需要が急速に伸び始め、さまざまな製品に使われ始めた。それに伴い、溶接加工後の焼け取り作業には毒劇物該当の「硝フッ酸」が、あたかも特効薬かのごとく使用され、作業者はその劣悪な業務に悩まされ続けていた。山本社長はその改善を社会的使命とし、定年後も研究開発を積み重ね、画期的な中性塩電解焼け取り法を完成させた。

社是・理念

「金属表面処理・メンテナンスの職場安全と効率化」を目指す。電気化学を使った金属表面処理で、一目瞭然の処理効果、作業者への健康や環境にも十分に配慮した研究開発、社会貢献をすすめていく。

代表取締役社長
山本 正登 氏

この手法は、ステンレスの焼け取り作業現場を一変させた。それまでの劣悪な作業を、女性が簡単に行える軽作業に変えたのである。さらに、この焼け取り作業とまったく同じ要領で、ごく短時間でステンレスの表層部の耐食性を高める「ウルトラ不動態化」と呼ばれる独自の表面改質技術を開発。塩素イオンによる孔食や応力腐食割れと呼ばれるオーステナイト系ステンレスの宿命的な欠点を見事に解決した。この種の欠点に悩み続けてきた産業界、とりわけ化学プラントにおいては、新設時はもちろん、定期点検時に発見された割れでも初期段階であれば延命効果のある効果的な処置として注目されている。

■作業者の健康被害に警鐘ならす

技術が浸透すればするほど、粗悪な類似品も世の中に出回り始める。今ではステンレス先進国のヨーロッパなどに

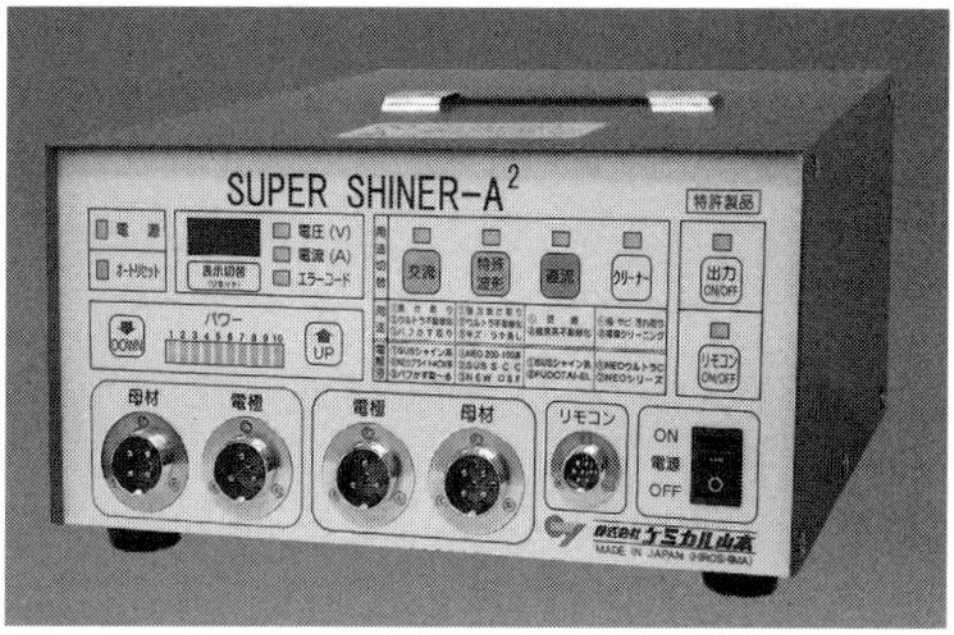

電解焼け取り機
「スーパーシャイナー A2」

プラント定修時の電解処理（ウルトラ不動態化処理）の作業風景

もその動きが出てきた。一番の気がかりは、有毒な六価クロムの発生など作業者の健康にとっても害を及ぼしかねないこと。同社はトップランナーの使命として、このような状況に対して20年あまりにわたり警鐘を鳴らし続けている。

今後に向け新たな展開も始めている。硝フッ酸で処理された既設のステンレス製プラント類を対象に、ステンレス鋼の耐食性を維持する不動態皮膜の形成の度合いである不動態化度を判別する簡易判別装置「ステンチェッカー」による健康診断と、「ウルトラ不動態皮膜形成（ウルトラ不動態化処理）」による延命治療をセットにしたサービス（特許技術）も開始した。

ケミカル山本は、社会になくてはならない企業として、その進化を続けている。

記者の目

将来のノーベル章学者の発掘に期待

同社の中性塩電解焼け取り法および表面改質法は、これまで科学技術庁長官賞など数々の賞を受賞。さらに、業界に対し広くその普及を図った功績に対し複数回にわたり国家褒章の栄に浴した。また、山本社長が自費で開催する、小学４～５年生が対象の化学実験教室「わくわくケミカルクラブ」などの社会貢献事業も忘れてはならない。このクラブで化学のおもしろさを知って「ここから将来のノーベル賞学者を」（山本社長）と期待する。

会社概要

所　在　地：広島県広島市佐伯区五日市町美鈴園 17-5（本社）
広島県廿日市市宮内工業団地 1-10（クリエイトセンター・テクノセンター）
電話番号：0829-30-0820
設立年月：1982 年６月
事業内容：ステンレスの溶接焼け・錆取りと電解研磨用資材など
営　業　所：北関東、南関東、中部、関西、西日本
出　張　所：仙台、新潟、茨城、東京、静岡、北陸、名古屋、京滋、大阪、四国、山陽、山陰、北九州、南九州

URL：http://www.chemical-y.co.jp/

鉄に依存する事業形態からの脱却

㈱こっこー

2017年4月、3代目となる槙岡達也が新社長に就任。31歳という若さを前面に、時代に迅速かつ柔軟に対応できる体制への変革を目指す。同時に、人と人、地域とのつながりを大切にする企業文化を継承し、前社長の槙岡達真会長が築いた「総合リサイクル・活性化企業」の地盤をさらに強固にする。そして、再資源化で新たな価値を創造する循環型社会実現に向けて挑戦する。

こっこーは資源循環、生活環境、製鉄の3事業が柱。鉄スクラップなど製鋼原料の回収・販売からスタートした。

社是・理念

「かぎりあるものを、かぎりなく」をスローガンとし、「人に心地よい環境をつくり、資源を持続的に活かし、地域と共に成長する、総合リサイクル・活性化企業」が企業理念。時代に必要とされる企業であるために「再生（再び生かす）」。をキーワードとし、持続、存続できる企業を目指す。

代表取締役社長
槙岡 達也 氏

それだけに鉄は同社の原点ではあるが、鉄というひとつの分野に依存する事業形態からの脱却とともに、社会の環境問題に対する意識の高まりを背景にリサイクル事業のさらなる強化を図る。

リサイクル事業は、鉄から紙、ガラス、水銀、木材まで裾野を広げている。中でも注目されているのが、廃ガラスを原料として製造する軽量発泡資材「スーパーソル」。地域から発生する廃ガラスを資源に付加価値を持つ資材として再生したもので、まさしく循環型社会を具現化したと言える。軽量盛土材などの土木資材や園芸・農業資材・土壌改良材など幅広い分野で活用されている。

この資源循環事業と並び、成長を遂げているのが生活環境事業である。中国四国地域を中心に営業拠点を展開したことも奏功し、着実にシェアを伸ばしている。エクステリア部門では、自社施工体制を整備、国内外の石材の販売も

廃ガラスを原料として製造した軽量発泡資材「スーパーソル」

地域貢献として小学生から社会人までの工場見学を受け入れている

開始するなど事業の拡充を急ピッチで進めており、拠点網を生かしたリサイクル事業とのシナジー効果も生んでいる。

■循環型社会実現へ、さらなる挑戦

「『総合リサイクル・活性化企業』として、幅広いジャンルのリサイクルに挑戦したい」。この槙岡社長の言葉通り、近年の法改正などにより水銀含有廃棄物の運搬や処理はより厳格な対応が求められている。こうした中、同社はいち早く中国四国地域における廃蛍光管や、医療機関などから排出される体温計・血圧計などの水銀含有廃棄物の回収事業を展開している。今後は木材やプラスティックも扱える破砕機を導入し、リサイクルの可能性を一層広げていく。

記者の目

リサイクルの輪を拡大し、創業 100 周年へ

1951 年に創業し、2011 年に社名を国興産業から変更した。槙岡社長は「これからは地球規模で再資源化に取り組むべき時代。地域とともに会社が成長・発展し続けるためにも、創業 100 周年に向け、循環型社会の実現を掲げて事業の拡充に取り組みたい」と意気込む。リサイクルの輪を地域に根付かせ、さらに広げていく同社の挑戦は続く。

会社概要

所 在 地：広島県呉市広多賀谷 1-9-30
電話番号：0823-71-9191
設立年月：1951 年 6 月
事業内容：資源循環事業、生活環境事業、製鉄事業
売 上 高：116 億円（2017 年 3 月期）
事 業 所：本社／ 12 営業所／ 2 事務所／ 2 加工センター／ 2 リサイクルセンター

URL：http://www.cocco-at.jp/

クリーンエネルギー技術で日本の産業力強化を担う

長州産業㈱

「心飛ぶが如し」。維新の先駆者であり長州藩（現山口県）の思想家・吉田松陰は黒船来航の報に接してこう語ったと伝わる。旧藩名を社名に掲げる長州産業はこの松陰の言葉を経営理念に、技術の独創性でグローバルに事業を展開している。

主力の半導体製造装置や太陽光発電システムに加えて、近年は水素ステーションやチョウザメの養殖など多角化を続けている。クリーンエネルギー技術をコアに日本の産業力強化を担う、中国地方を代表する企業だ。

社是・理念

「目指すは『世界舞台』。技術の独創性で、グローバルに事業を展開する」を社是に掲げる。住宅・半導体・メカトロ関連分野はいずれも西日本を代表するメーカーに数えられる。国産にこだわり、常に技術開発に挑戦する姿勢は地域を代表するモノづくり企業の名に恥じない。

取締役社長
岡本 晋 氏

■志を持った製品開発

長州産業は太陽光発電システムでわが国を代表するメーカーの一社。自社開発の単結晶太陽電池モジュールは、多くの太陽光をセル内部に取り込めると高い評価を得ている。本社敷地内にはその象徴として５０００kWを超える自社製太陽電池モジュールを設置した大規模太陽光発電所が稼働している。ほかにも半導体製造に利用される真空機器や有機ＥＬディスプレー基板技術開発など先端メカトロニクスの研究開発メーカーとしても知られる。

最近では水素事業に参入した。太陽光発電で水素を生成し燃料電池自動車（ＦＣＶ）に供給するほか、非常時には電気に変換して防災基地としても利用できる小型ソーラー水素ステーション「ＳＨ・ｉＰＳ（シップス）」を開発し、２０１７年に発売した。岡本社長は「CO_2削減を進めること

SHiPSの開所式には村岡嗣政山口県知事（写真右）と広告に出演する卓球日本女子代表の石川佳純さん（写真左から２人目）も駆けつけた

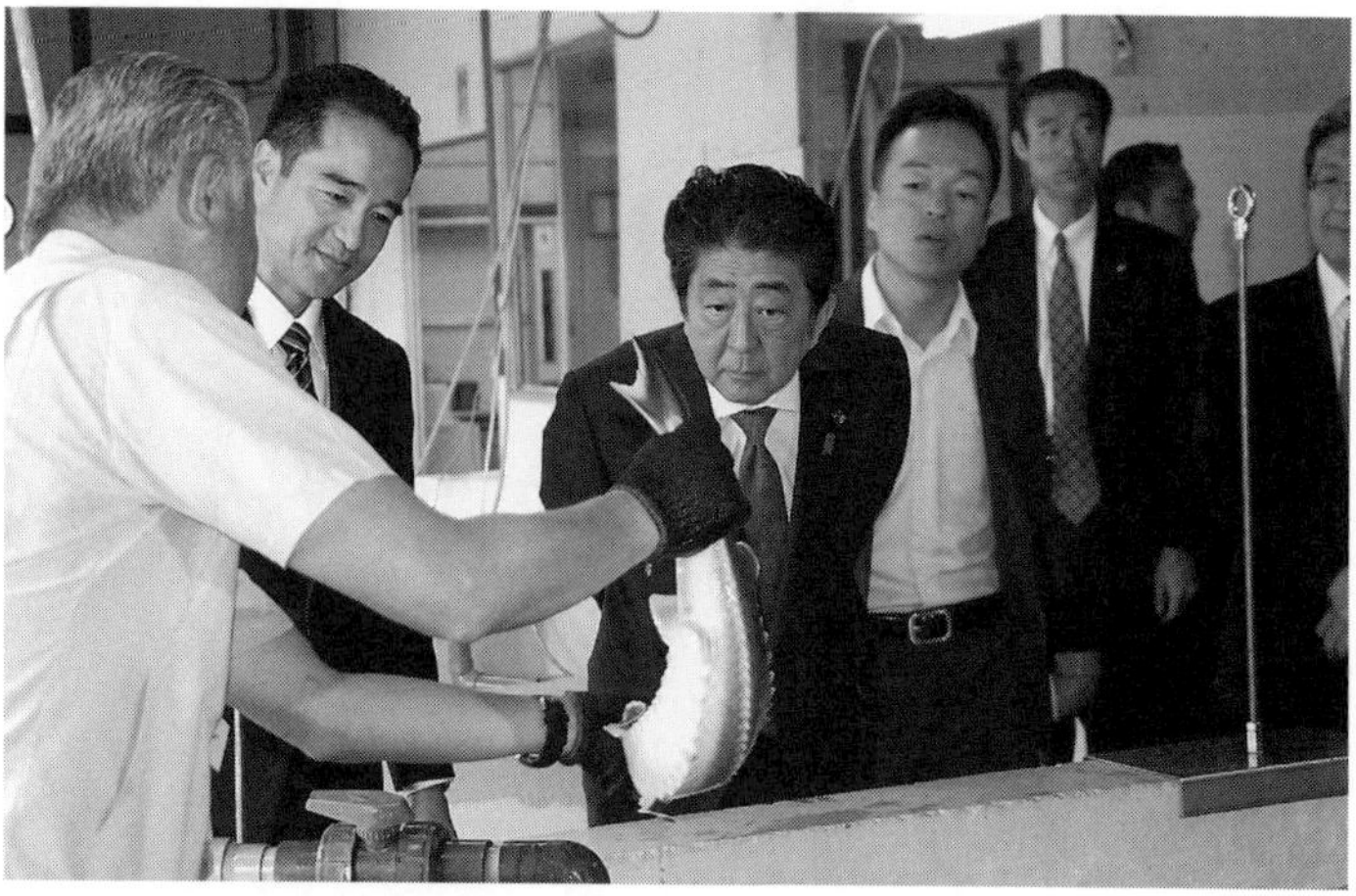

安倍晋三首相もチョウザメ繁殖にエールを送った

が社会貢献につながり、結果的に日本の産業力強化を手助けする」と考え、今後も環境関連分野を強化する考えだ。一方、ユニークな取り組みとしてはチョウザメの養殖に取り組んでいる。創業者の故・岡本要前会長が立ち上げた事業を、息子の晋社長が引き継いだ。岡本社長は「父の志を実現させる。事業化には時間がかかるが高級食材として期待している。ジャパンキャビアとして成功させたい」と意気込む。養殖現場を視察した安倍晋三首相も「キャビアは難しいが夢がある。頑張れ」と激励した。

「資本がない中堅企業が生き残るためには企画・開発・設計力を上げること」と岡本社長は指摘する。長州産業は維新の志士の如く、志高く世界を見据えた製品開発を日々続けている。

記者の目

トップセールスで飛躍を期す

2016年元日に就任した岡本社長は、現場重視と開発重視の姿勢で全国を飛び回り、トップセールスを続けている。自社製品に自信を持つ一方で、特に東日本での営業基盤の弱さを痛感している。SHiPSもキャビアもブランドが認知されればトップメーカーに飛躍する可能性を秘めている。明治維新から150年を経た現在“長州の戦い”を再び始めている。

会社概要

事業所：山口県山陽小野田市新山野井3740
電話番号：0836-71-1033
設立年月：1980年10月
事業内容：太陽光発電システム・蓄電システム・半導体製造機器の製造
売上高：310億円（2017年3月期）
事業所：本社／山口（工場）／山口、広島、福岡（支店）など／東京、大阪、愛知、宮城、茨城、香川、鹿児島、北海道、栃木、長野

URL：http://www.choshu.co.jp/

プラスチックパッケージの無限の可能性を拓く

㈱チヨダパック

広島県の西北部、古くは山陽と山陰を結ぶ中継地として栄え、花田植えや神楽などの民俗芸能が今なお残る大自然と田園文化が息づく町、広島県北広島町。この町にバレンタインなどのお菓子入れなどに使用される円筒形プラスチック容器で全国6割のシェアを持つ会社がある。それがチヨダパックだ。円筒容器以外にもさまざまな形のプラスチック容器を手がけ、食品のほか化粧品容器や農業資材などさまざまな業界に活躍の場を広げつつある。

チヨダパックの他社には真似のできない一番の強みは、

社是・理念

一、私たちは、仕事を通じ心身、魂を磨き地球環境にやさしい企業、人間になるため成長し続けます。

一、私たちは、プラスチック容器製造のプロとして最先端のパッケージを研究開発し提案し続けます。

一、私たちは、オンリーワン企業を目指しスキル向上に研鑽し続けます。

代表取締役社長
本田　正博 氏

プラスチック表面に直接カラー印刷を施した容器を製作できること。通常、フルカラー印刷したプラスチックシートは、乾燥工程でＵＶ（紫外線）を照射して乾かすが、この処理の影響でプラスチック同士が熱溶着しなくなり、次の組立加工ができない。そのため円筒ケースにはシルク印刷もしくは箔押しが一般的かつ主流で、直接のフルカラー印刷は不可能だった。同社はこの課題に取り組み、フルカラー印刷後のプラスチックでも溶着できる機械を自社で開発した。これにより、さまざまなデザインバリエーションが可能になった。

■時代を反映したオリジナルパッケージを提案

プラスチックパッケージの可能性は今後ますます高まるであろう。ただしニーズや好みは時代ごとに大きく様変わりする。チヨダパックはその変化に合わせて時代を反映し

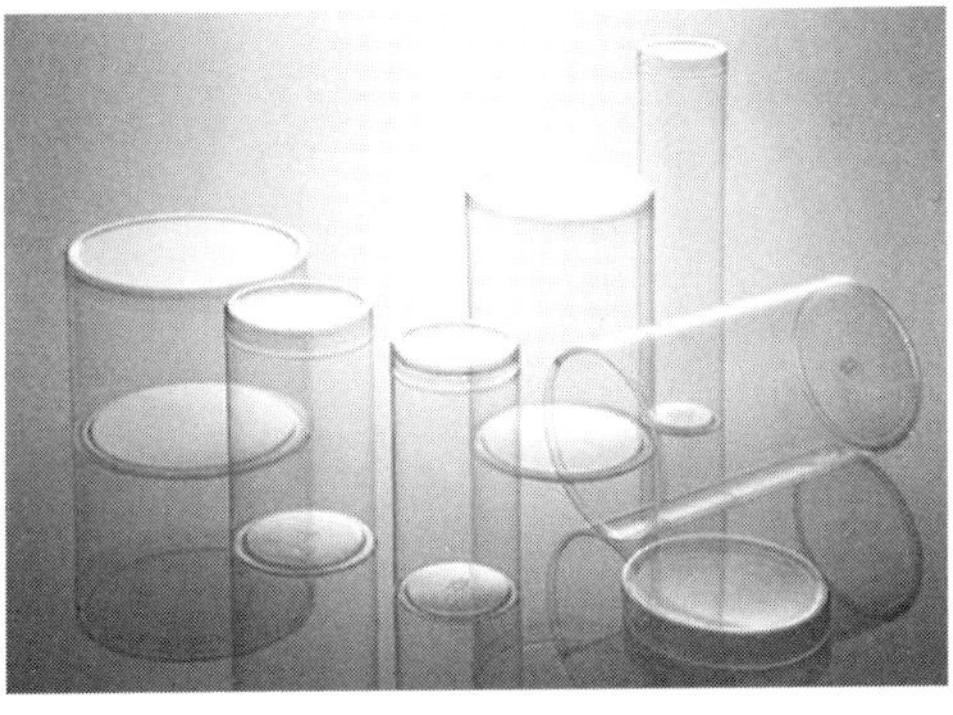

全国で６割のシェアを誇る円筒ケース

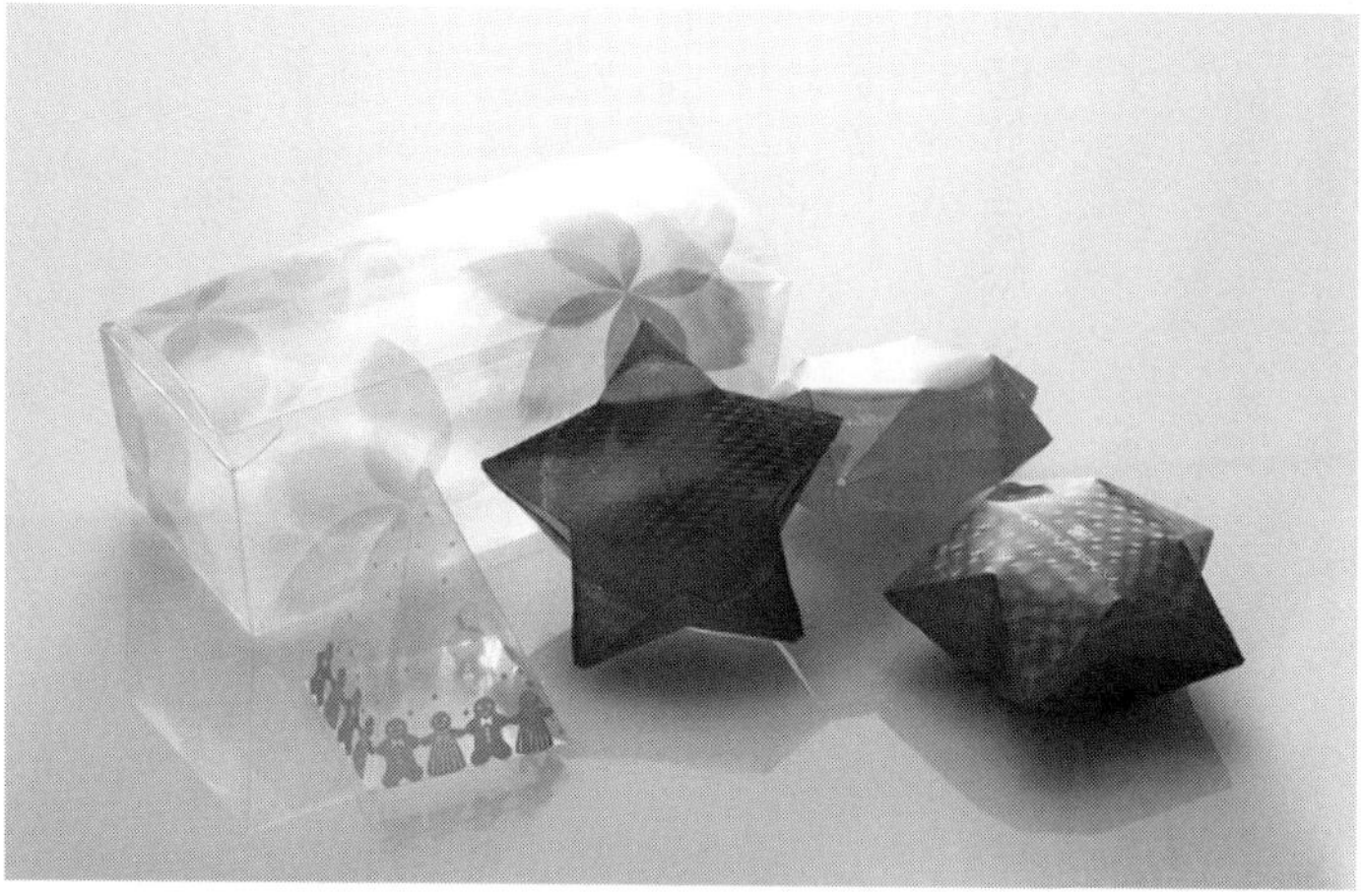
さまざまな形状に加工されたクリアケース

たオリジナル性の高いパッケージづくりを目指している。本田社長は社内で社員全員が自由に提案できる社風づくりを心がけ、その成果が徐々に表れはじめているという。２０１８年にはそれまで他地域で稼動していたアクリル樹脂加工専用の新工場が本社敷地内に完成、業務の集中化で会社の一体感や気運はさらに高まるだろう。

今後はバレンタインデーにも匹敵するほど盛り上がってきたハロウィーン関連製品、さらに２０２０年の東京五輪・パラリンピックを大きなビジネスチャンスと捉えている。

地方都市・北広島町から、製造現場から中間部門、営業部門の全社員の総合力で全国の新たなパッケージ市場に挑んでいく。

記者の目

柔軟な対応力で用途の拡大につなげる

チヨダパックの強みはプラスチックに直接印刷できることと、さまざまな形に加工できる柔軟な対応力にある。プラスチック容器の用途は業界を問わずまだまだ無限にあるようだ。ニーズを的確に捉えることはもとより、独自のデザイン力や企画提案力が今後の大きな飛躍の原動力となる。

会社概要

所 在 地：広島県山県郡北広島町木次 307
電話番号：0826-72-3059
設立年月：1992 年 7 月
事業内容：プラスチック容器および製品の製造・販売
売 上 高：8 億 4000 万円（2017 年 6 月期）
事 業 所：東京営業所／関東工場／プロモーションサポートセンター（新工場）

URL：http://www.c-pack.jp

全国で注目される環境に優しい断熱材

㈱デコス

安成工務店社長の安成氏が社長を兼務するデコスは、新聞紙をリサイクルしたセルロースファイバー断熱材の製造会社。また、同断熱材を使用した吹き込み充填工法「デコスドライ工法」を開発し、全国74社の代理店を通じて工務店に安心施工を提供している。その省エネルギー性から注目を集めており、今後のシェア拡大が期待される。

■製造から施工まで一貫して請け負う

世界的な低炭素化の流れから住宅の省エネ化が叫ばれて

社是・理念

断熱材を通して環境と社会へ貢献する。製品の発売当初からこの思いは変わっていない。デコス施工代理店が中心となって運営する「日本セルロースファイバー断熱施工協会（JCA）東京都中央区」も定期的に勉強会や競技会を開くなど、低炭素社会構築に向けた普及啓発活動を積極的に行っている。

代表取締役
安成 信次 氏

いる。その中で重要な位置を占めるのが窓枠とガラスの高性能化と高断熱化だ。断熱材には材質の違いからグラスウールやロックウールなどの鉱物系、発泡ウレタンやポリスチレンボードなどの石油系、そしてセルロースファイバーや炭化コルクなどの木質系がある。シェアは鉱物系が65％、石油系が30％、木質系は5％弱となっている。施工で見ると、メーカーが責任施工を行うものはウレタンの発泡とセルロースファイバー充填のみであり、他はメーカーが資材販売するのみで施工の責任は工務店が負う。

デコスドライ工法は、責任施工体制を敷く唯一のセルロースファイバー断熱材吹き込み工法。その特徴は充填工法のため完全施工が可能。ほかにも他の断熱材が持たない調湿性と静粛性などの特徴がある。

親会社の安成工務店が１９８９年に環境共生住宅に取り組む際、木造住宅に最もふさわしい断熱材を求めて、すで

デコスドライ工法による充填工法のため完全施工が可能

新聞紙をリサイクルしてセルロースファイバー断熱材を製造

に欧米で一般的だったセルロースファイバー断熱材を採用した。当時は湿式工法しか認定がなかった中、オリジナルの乾式ブローイング工法を確立させ、認定取得して商品化した。94年には新省エネルギー基準をクリアーし、96年には新会社デコスとして全国の工務店向けの断熱事業を立ち上げた。

製造から施工までを一貫して行う施工代理店制度を採用することで、完全施工を実現したことも特筆される。2011年には建築用断熱材として初めて「カーボンフットプリントマーク」の使用許諾認定も取得した。製造時のCO_2の発生が低く、人にも環境にも優しい素材は、次世代の木造住宅にとって理想的な断熱材と言えよう。

記者の目

わが国に適した優れた特性に自信

安成社長はデコスドライ工法に絶対の自信を持っている。価格だけ見れば決して安価な製品ではないが吸音・調湿機能に優れており、「高温多湿な日本で快適な住宅を目指す工務店にとってみれば不可欠な商品。必ず評価され、シェアが高まるはず」と胸を張る。

会社概要

所在地：山口県下関市熊野西町 6-13
電話番号：083-288-0300
設立年月：1974 年 8 月
事業内容：断熱材の製造販売・施工
売上高：10 億 8600 万円（2016 年 12 月期）
事業所：本社／東京、福岡（支店）／山口、埼玉（工場）

URL：http://www.decos.co.jp/

コンクリート二次製品を通じて社会に満足と感動を

㈱ナガ・ツキ

ナガ・ツキは、道路の側溝や境界ブロック、排水溝などのコンクリート二次製品を手がける。2018年に創業50周年を迎え、地元の環境づくりにはなくてはならない存在となっている。同社が得意とし、常に目指しているのが技術に裏付けされた提案型営業。現場の仕様に合ったサイズや形状の製品をあらかじめ工場でつくり、現場に据え付ける工法を提案する。工期の短縮や省力化、ひいては社会問題になっている人手不足の解消に大きく貢献するからだ。ただし、現場によってサイズや形状は千差万別。同社には

社是・理念

- 商品とサービスを通じて、人類社会の進歩発展に貢献する
- 全従業員の人間的成長・物心両面の幸福の追求を目指す

代表取締役社長
長谷川 晴信 氏

それに応えるだけのノウハウに加え、幾千種類にも及ぶ型枠を常に揃える。通称「役物（やくもの）」と呼ばれる異形の特殊製品も適正価格で提供しており、同社の提案型営業の支えとなっている。

これまでのメインは土木関連製品だったが、同社ではコンクリートをさまざまな形状につくり上げるノウハウを応用して異分野への参入を見据えている。例えば、壁や床、ベランダ、柱などの建築部材、さらには、インテリアやコンクリート雑貨なども手がけ、将来的には施工までを自社で行う総合建設会社を目指していく。

同社では通常の自社のホームページに加え、一般の人にもおもしろく見てもらえる新たなホームページを開設した。女性や子供の発想なども吸収し、コンクリート二次製品の可能性をさらに開拓して、広く社会に満足と感動を与え続けたいとしている。

工場で製作したボックスカルバート（地下排水管）を現場に移送する

社内運動会などを通じて会社満足度の向上に努める

■「会社満足度」を「お客様満足度」へ

同社が目指す「人々の豊かな生活に貢献する」ため、同社は働きやすく、意欲を育てる職場環境づくりにも気を使っている。毎日行う30分間の清掃作業もそのひとつ。きれいにすることで心を整え、片付いた職場はスムーズな作業のための基本となる。また、社員の家族も招待しての家族会や各工場対抗の運動会、ボーリング大会などのリクレーションや食事会、社内親睦会や行事も多数実施。社員や家族が楽しい時間を過ごすことが、強い組織をつくるうえで大事なことと考えている。そうした「会社満足度」の向上が、ひいては、仕事における「お客様満足度」への姿勢の向上につながっている。

記者の目

提案型営業で社会への提案に期待

ナガ・ツキがこだわってきたのがコンクリート二次製品を通じた提案型営業。しっかりとした技術力と対応能力があればこそ成し得ることだ。それを持ってすれば、同社が社会に提案できることはまだまだあるはずで、コンクリート二次製品で社会をアッと驚かせてもらいたい。

会社概要

所在地：広島県広島市中区吉島西 2-21-1
電話番号：082-247-0266
設立年月：1968 年 4 月
事業内容：コンクリート二次製品の製造・設計・企画、建築資材の販売、土木工事一式、教育事業、リフォーム工事
売上高：16 億 5800 万円（2017 年 5 月期）
事業所：豊平、甲田、沼田（いずれも広島県）、美郷（島根県）

URL：http://www.nagatsuki.co.jp/

呼吸する木の家と土地活用で持続可能社会を実現

㈱安成工務店

安成工務店は住宅と一般建築を設計・施工する全国でも珍しい建設事業者。安成社長がこだわる「良質な建築を提供したい」という思いは、天然乾燥した地産木材や太陽熱、自然素材の断熱材や豊富な土地活用事例などと相まって、サステナブルな家づくりを実現している。

■資源循環の仕組みづくり

1951年に安成組を創業し、木造住宅から出発した。高度成長の時代には公共工事も手がける地域ゼネコンに成

社是・理念

「Keep old, Make new. 新と旧の融合」を掲げる。変革の時に望む今こそ、伝統と先進を融合させながらあるべき姿を建築の立場から創造するというその姿勢こそが、今も昔も経営の大黒柱だ。

代表取締役
安成 信次 氏

長したが80年代半ばに転機が訪れる。本社をそれまでの山口県豊北町から下関市に移転し業容拡大に打って出た。

当時取締役だった安成社長は、請負業から脱した建設業への転換を目指した。「企画、開発、設計、施工を一貫して行う会社が理想像として見えた。本社移転を機に環境と住まいをトータルに提案できる企業を目指すことにした」と当時を振り返る。

住宅の部門で推進力になったのが太陽熱を集熱し、床暖房や給湯などに利用する「OMソーラーシステム」だ。今でこそ太陽エネルギー利用は一般的だが、当時は業界の先駆け。省エネとパッシブな思想は住宅業界を唸らせ、また消費者からも歓迎された。その環境共生住宅への取り組みが、セルロースファイバー断熱工法の開発や林産地連携による国産木材の天然乾燥へつながった。このようなCO_2削減の取り組みは同社を全国区の知名度へ押し上げた。

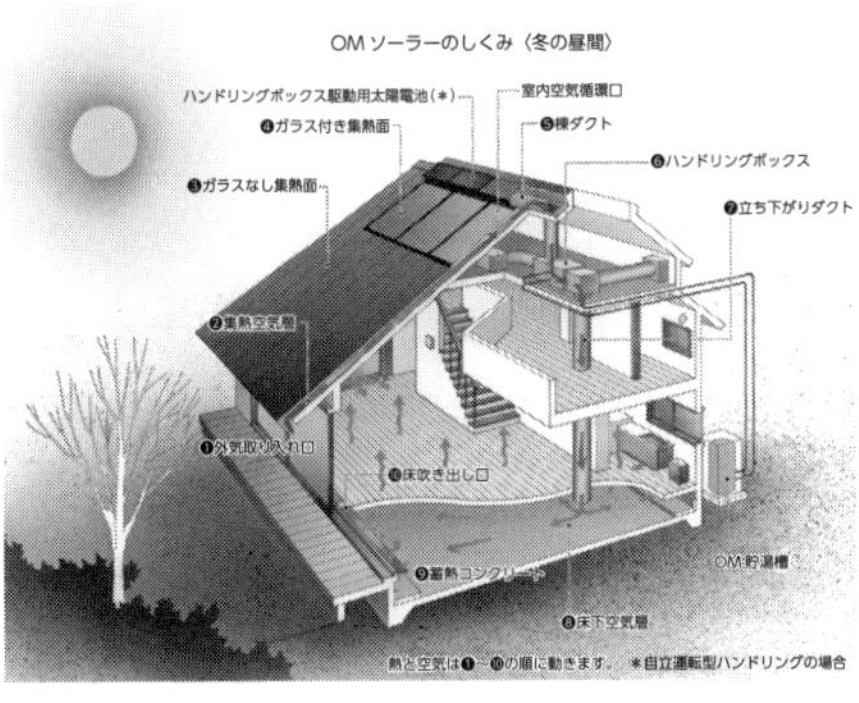

自然の恵みを生かした
OMソーラーシステムが
家づくりの基本

輪掛け乾燥で色や香りがよい構造材を製作

一方、建築分野でも受注工事のほとんどが設計施工となっており、特に土地活用に長けている。戸建て借家ユニキューブや中層賃貸マンション、医療福祉施設、商業開発などに特徴がある。

安成社長は「従業員が幸せで働き甲斐を持って生き残るためにはグループが大きくなければならない」という考えを持つ。建設業は地域産業活性化のための大切な仕事と考え、手づくりでモノをつくる人たちが評価される次世代の姿を夢見て、昨年CSV（共有価値の創造）レポートを発刊した。

地域の工務店にしかできない家や街づくりを通して地域社会の発展に貢献する。100年先を見据えた文化の創造こそが同社の矜持でもある。

記者の目

価値を共有する姿勢に共鳴・支持される

CSR（企業の社会的責任）はよく耳にするが、CSVは馴染みが薄い。それでも価値の共有を社是に掲げるには、それだけ自社の取り組みに自信を持つ証拠だ。社会に意義ある活動を続けることが、ひいては社業の発展につながると考える安成社長の姿勢に共鳴する顧客や取引先は今も増え続けている。

会社概要

所　在　地：山口県下関市綾羅木新町 3-7-1
電話番号：083-252-2419
設立年月：1951 年 1 月
事業内容：住宅・一般建築の設計・施工
売　上　高：94 億 1500 万円（2016 年 12 月期）
事　業　所：本社／下関、宇部、山口、周南、北九州、福岡（支店）

URL：http://www.yasunari-komuten.com/

第4章

サービス・その他

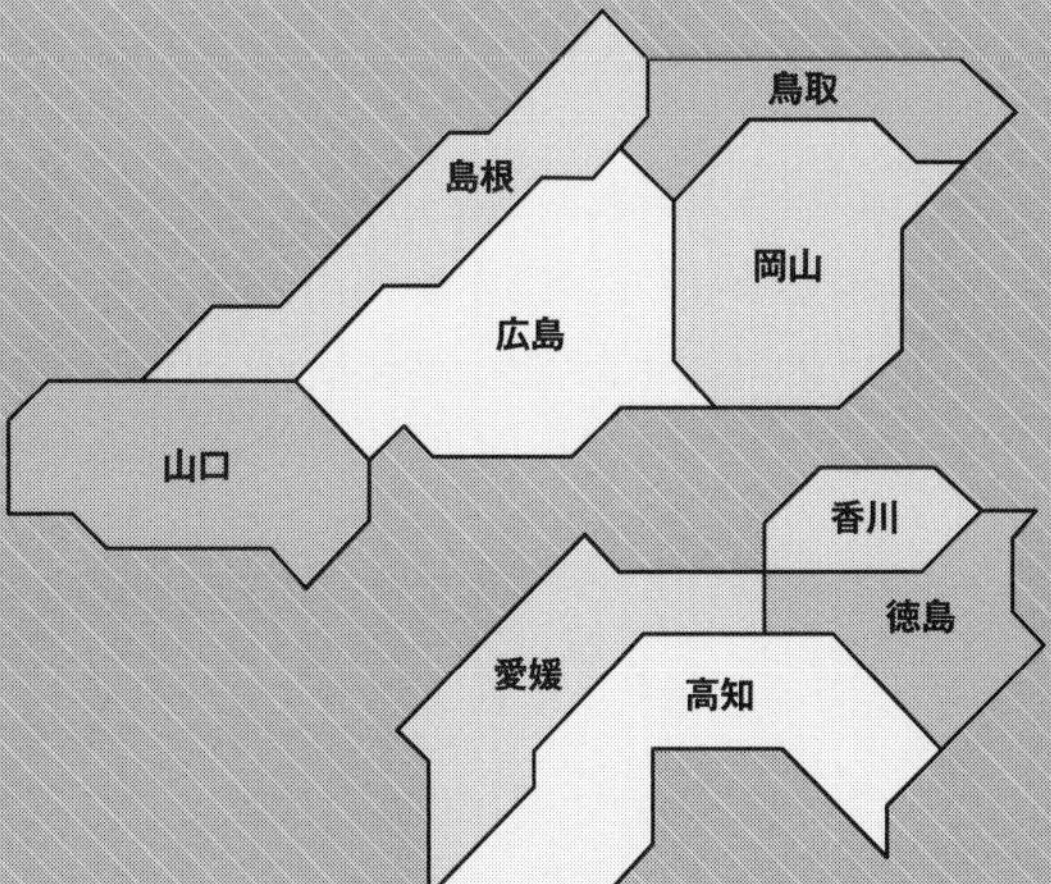

最新技術を建設現場にフィードバック

㈱ＡＯＩ

ＡＯＩはとび職を主事業として１９８９年に創業。創業から30年を経た現在、建築工事・土木工事・とび工事を行う建設事業本部と、建設資材などの企画・開発を行う企画・管理事業本部、土壌改良や底質改善に効果のある希少有機酸資材の開発・販売を行う環境事業本部の３つの事業を持つ企業に発展した。

同社の強みは、現場で培った経験をもとに建設資材を自社開発している点。代表的な商品がスラブ専用鋼製型枠「ＡＯＩシステムデッキ」である。従来、鉄筋コンクリート建

社是・理念

全従業員の環境・心・物の幸を追求すると共に、社会業界の進歩発展に貢献すること。

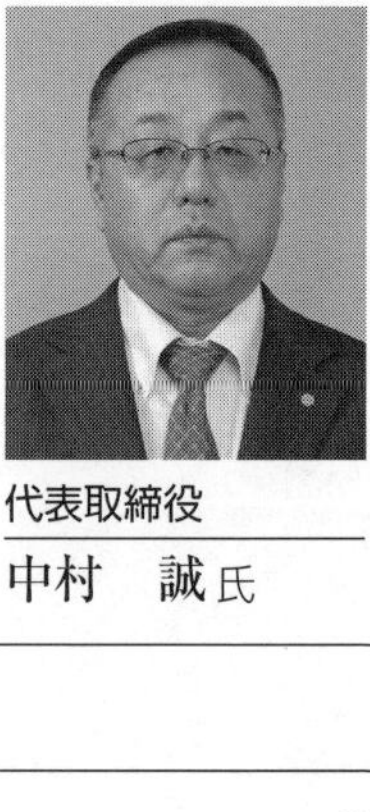

代表取締役
中村　誠 氏

築物の上層階をつくる際は合板製スラブ型枠を用いていた。その型枠を上層階となる部分に敷き詰め、その上にコンクリートを流し込んで床をつくる。この作業には熟練工を必要とし、型枠の下には支保工（鉄パイプなど）を多用するため通路が狭くなる。また、再利用ができないため産廃費用がかかる。これらの問題点となる断面欠損・倒壊防止・資材軽減・コスト削減・騒音防止・安全確保・環境破壊低減を改善するのがＡＯＩシステムデッキだ。

主な特徴は、亜鉛メッキ鋼板を使用し、耐久強度を持たせ、３Ｒ（リデュース・リユース・リサイクル）を可能にしたこと。支保工も最大60％削減することができ、脱型・解体作業時の騒音も大幅に軽減できる。また、伸縮スライド式で軽量コンパクトにしたことで熟練技術が不要となり、労務コストの削減や工期短縮が可能となった。中村社長は「この商品は練りに練って開発した。さらに梁や柱や

スラブ専用鋼製型枠
「AOIシステムデッキ」

2人の作業員で簡単に敷き込むことができるのも特徴

壁をつくる際の型枠も開発し、セット提案していく」と力を込める。

■環境問題の改善にも挑む

環境事業でも同社の開発力は注目されている。自然環境の再生能力と動植物の生態活性に関係する腐食物質の有機酸に着目し、土壌改良や底質改善に効果のある希少有機酸活性資材「四季豊穣」と「地球の雫《ほし》」を自社開発した。圃場やゴルフ場などで広く使われている。

中村社長は「土壌劣化は海外でも深刻な問題。環境問題の改善に貢献し、社会に役立つ商品を提供していきたい」と海外展開も視野に入れている。

記者の目

社員一丸で未来に挑戦する

高い商品開発力で「他社にできないことをやり続ける企業」として公設試や金融機関からの外部評価も高い。また、社員が同じベクトルを向いて働ける環境をつくっていることも強みの１つだ。徹底的な社員教育や資格取得の全面バックアップなど福利厚生にも力を入れている。山口県から新しいイノベーションが起こっている。

会社概要

所在地：山口県岩国市周東町下久原 626-7
電話番号：0827-84-4763
創業年月：1989 年 1 月
事業内容：建築工事、土木工事、とび工事、企画・設計業務、環境事業ほか
売上高：7 億円（2017 年 4 月期）
事業所：本社／東京支店、広島支店／上越営業所、沖縄営業所

URL：http://www.aoiweb.co.jp/

地域総合サービス型の中国電力グループ会社

㈱エネルギアL&Bパートナーズ

エネルギアL&Bパートナーズは、１９６１年10月に中国電力のグループ企業として設立。不動産事業を中心に施設の管理運営や温浴、ビル管理、緑化、リース、保険など多彩な事業を展開し、地域総合サービス型企業に成長、発展してきた。こうした中、２０１６年10月の創立55周年を契機に、新たな企業理念・経営ビジョンを制定。今後の進むべき方向性を明確化した。翌17年4月には、企業理念に沿った事業を展開するため現社名へと変更。ユーザーの「くらし（Ｌｉｆｅ）」と「ビジネス（Ｂｕｓｉｎｅｓｓ）」の

社是・理念

企業理念は「誠意　挑戦」。「くらし」と「ビジネス」のベストパートナーとして誠意をもってサポートし、新しい価値の創造に挑戦し続ける。掲げる経営ビジョンは、「お客さまに寄り添い成長する企業」。オリジナルで品質の高いものづくり、商品・サービスをお届けする。効果的な連携で付加価値を高める。事業活動を通じて地域社会に貢献する。

取締役社長
高木 廣治 氏

ベストパートナーであり続ける思いを込めた。

■くらしとビジネスのパートナーとして

同社が展開する各事業は、社名の由来でもある〝くらし〟と〝ビジネス〟に分けられる。

まず、〝くらし〟は、主に個人を対象とした事業となる。具体的には、オール電化マンションや駐車場の賃貸借、空間と空気の品質を追求した戸建て注文住宅「エネルギアの家」の販売、中電工平和大通りビル20階のレストラン「BlueSkySeaSこあみ」の運営、さまざまな風呂を楽しめる「宇品天然温泉ほの湯」と「塩屋天然温泉ほの湯楽々園」の経営。保険代理店「エネルギア保険プランニング」として個人生活のリスクに応じた保険商品の提案・販売などを行っている。

〝ビジネス〟は、法人を対象に事業を展開。具体的には、

原爆ドームや広島平和記念公園など広島市内を一望できるレストラン「BlueSkySeaS こあみ」

「塩屋天然温泉ほの湯楽々園」では心と身体をリフレッシュできる

法人ユーザーの幅広いニーズに対応する不動産の賃貸・管理・開発、寮や社宅など働く人々をサポートする福利厚生施設の管理・運営、高度な技術で快適なオフィス環境づくりを支えるビル管理、人と自然の共生をテーマに緑あふれる街づくりを進める緑化、企業経営の効率化を実現するOA機器や車両のリース、企業活動のニーズに応じた保険商品の提案・販売などがある。

これらの事業展開を通じてコーポレートブランド力を一層高めるとともに、事業ごとのシナジーの発揮に積極的に取り組んでいる。また、時代の趨勢と地域のニーズに対応しながら、地域の人々とともに、〝ひと・まち・しごと〟づくりに貢献できるよう、たゆまない事業活動を推し進めている。

記者の目

社長職に最適な人材が牽引

中国電力時代、広報と人事畑が長かった高木社長は、社内外に幅広いネットワークを持つ。多彩な事業を展開し、グループ外との協業も多い社長職は、まさに「はまり役」。アイデアマンで、新規提案するとともに、その検証作業にも携わる。口数は多いが、温厚で誠実が周囲の評。ドライバーショット同様、ここ一番の決断力も魅力。

「エネルギアの家」はちゅーピー住宅展示場（広島市西区）にモデルハウスを出展中

会社概要

所 在 地：広島県広島市中区小町 4-33
電話番号：082-242-7804
設立年月：1961 年 10 月
事業内容：不動産事業、温浴事業、リース事業、保険代理事業など
売 上 高：101 億円（2017 年 3 月期）
事 業 所：本店／支店（鳥取、島根、岡山、山口）

URL：https://www.energia-lbp.co.jp/

スーパーを中核に食の総合提案
人・食・地域を大切にするグループづくり

㈱エブリイホーミイホールディングス

「お客様に豊かな暮らしをお届けするために、鮮度にこだわる。食にこだわる」。こうした思いで「食の総合プロデュースグループ」を掲げるエブリイホーミイグループ。スーパーマーケット運営のエブリイをはじめ、外食・事業所向け給食のホーミイダイニングや夕食材料宅配のヨシケイ福山など11社で構成される。グループの中核となるエブリイは広島県と岡山県、香川県に計41店舗を構える。大きな特徴は「鮮度追求」。エブリイでは青果や鮮魚を担当するバイヤーを店舗ごとに配置し、各店舗の担当者が商品の

グループ経営理念

- 食生活を通じて、常にお客様に喜んでいただくグループを目指します。
- 時代の変化を先取りし、業態の革新をし続けます。
- 企業利益の根元は人にあり、切磋琢磨しながら人にやさしい企業創りに邁進します。
- 人と人のご縁を大切にし、助け合いの心を常に持ち続けます。
- 地域社会で生かされていることを認識して、地域の人達とのふれあいの場に積極的に参加します。

代表取締役社長
岡﨑 雅廣氏

入荷に直接携わっている。これにより、その日に市場に並んだ、より新鮮かつ安い商品の提供と地域の店に合った仕入れを可能にしている。また、品揃えよりも鮮度と美味しさを重視しているため、仕入れた商品は「売り切り御免」で鮮度の良い間に売り切っている。

■類人猿研修でチームワークづくり

「やる気のある人には年齢に関係なくどんどん任せる」。こうした社風がエブリイの中には浸透しており、社員教育にも力を入れている。独自の取り組みとして類人猿研修がある。これは人の性格や行動特徴をオランウータンやゴリラ、チンパンジー、ボノボの4つの大型類人猿に分類する手法で、他人との考え方や行動の違いを理解し、気づきを生むことで円滑なチームワークづくりをグループ全体で共有している。2014年のホールディングス化により、そ

「エブリイ」はグループ中核のスーパー

ユニークな研修内容で人材育成に力を注ぐ

れまでグループ個々の会社ごとで取り組んでいた商品仕入れや人材採用を一括でできるようになった。グループ内に〝食〟に関わる様々な販路を持つ利点やノウハウを生かしてつくる宅配弁当「福はうち御膳」など新たな事業が続々と始まっている。

エブリイホーミイグループは中期目標に「2019年エブリイ50店舗、グループ売上1000億円」を掲げる。これには単なる規模の拡大よりも、現状に満足せず、常に「変わり続ける、変え続ける」精神で、出店時に「さらに良いお店ができた」と地域のお客様に喜んでもらいたいという思いがある。エブリイホーミイグループは、地域密着型「食の総合プロデュースグループ」として、絶えず挑戦を続けていく。

記者の目

人材を育て、スタッフが扱う食材を通じて地域に寄り添う

スーパー事業の主力商品となる青果と鮮魚。これら地産地消の商品群が顧客を引き付けており、これらを扱う人材育成に力を注いでいる。そうした取り組みはエブリイホーミイグループとしても「人・食・地域」を大切にしながら、「この地にエブリイがあって良かった」ということを顧客はもとより、生産者とスタッフにまで実感してもらう思いが込められている。

会社概要

所在地：広島県福山市南蔵王町1-6-11
電話番号：084-982-9411
創業年：1996年（グループ創業）
事業内容：スーパーマーケット事業、外食・事業所向け給食事業、夕食材料宅配事業ほか
売上高：827億円（2017年6月期、連結）
事業所：エブリイ41店舗／ホーミイダイニング18店舗／ひな市3店舗／さわ田1店舗／ヨシケイ福山9拠点

URL：http://www.everyhomey.com/

建造物を支える地盤改良工法を全国展開
危機管理万全の新本社建設

岩水開発㈱

岩水開発は、「地域社会の『安全・あんしん』を支える」を理念に建造物を地下から支える地盤の調査・改良工事を手がける。専用機に取り付けた撹拌翼で軟弱地盤を掘削撹拌しながらセメント系固化剤のスラリーを吐出し、地中に複数の杭（柱状改良体）を配置施工して地盤を強化する工法が主流だ。改良体のサイズは住宅用から大規模建造物用までさまざまで、直径40cm〜1.3m、長さは約2〜20m。岡山県での工事実績は圧倒的で、5階建て程度までの低層〜中階層建造物の地盤改良工事のシェアは約7割を誇る。

社是・理念

地域社会の「安全・あんしん」を支える企業として、創業以来約半世紀にわたり歴史を重ね事業領域を広げてきた。
当社自身がお客様から常に信頼いただける企業であるべきと考えている。お客様のニーズに的確にお応えできる技術、サービスの研さんとともに、企業価値の増大に努めていく。

代表取締役社長
小坂 広幸 氏

同社の「スリーエスG工法」は２００７年に、一般財団法人日本建築総合試験所より建築技術性能証明を取得した認定工法だ。同工法ではスラリーの吐出口を撹拌翼の上下に設けて掘進時には下から、引き上げ時には上からスラリーを吐出することで、強度のばらつきの少ない均質な改良体コラムをつくり出している。認定を受けた翌年には、「スリーエスG工法協会」を設立。現在まで全国の会員企業による累計工事実績は７０００件を超え、これは類似工法の中でもトップクラスの件数だ。

一方で、こうした地盤調査から設計、改良工事まで一連の技術をフランチャイズ（ＦＣ）で全国展開する「エヌプラスＦＣ」も運営。事業の立ち上げから営業展開、実施工に至るノウハウを初手からパッケージで指導。工法協会とＦＣを展開して全国に〝安全・あんしん〟を提供している。全国展開は岡山に居ながら全国の地盤情報を得られるた

スリーエスＧ工法で用いる上下吐出撹拌翼

万全の危機管理力を備える新社屋

め、社員の視野が広がる利点もある。

■危機管理万全の新本社

２００７年からは新事業の「金融部門」で保険販売・コンサルティングにも乗り出した。現在、来店型総合保険ショップ「ライフサロン」を岡山県内３カ所に設置。「あんしん」提供に努めている。16年３月には鉄骨４階建ての新本社を建設した。瀬戸内海に近いため万一の水害に備え、事務所があるメーンフロアを３階に配置。情報が集積するサーバールームも４階に置いた。情報セキュリティへの投資として最新の静脈認証システムを21台導入。「将来を見越して顧客、従業員向けのセキュリティ投資を活発に行っている」(小坂社長)。〝安全・あんしん〟の追求は続く。

記者の目

会社も人も成長し続ける

同社の創業は1965年。3代目となる小坂社長は、「次の50年に向けた長期的展望にもとづいて成長し続ける」と決意を語る。「会社が売上を伸ばして成長するだけでなく、社員も人として成長し続けることが大事。いい集団をつくるため社員に伴走し続ける」(同)。その継続が会社を盤石にするであろう。

会社概要

所在地：岡山県岡山市南区福吉町18-18
電話番号：086-265-0888
創業年月：1965年8月
事業内容：地盤調査・改良工事、建設土木工事、エヌプラスFC・スリーエスG工法協会全国展開、保険販売・コンサルティングサービス
売上高：64億円（2017年6月期）
事業所：本社・研究所（岡山市南区）／機材センター（岡山県玉野市）／営業所（大阪・姫路・四国）

URL：http://www.gansui.co.jp/

国内有数の材料試験設備で、次世代材料開発を支援

㈱キグチテクニクス

炭素繊維強化プラスチック（CFRP）やセラミック基複合材料（CMC）、セルロースナノファイバーなど、日本発の次世代材料が注目を集めている。島根県安来市のキグチテクニクスは、これら新材料の開発を支える隠れた有力企業。材料開発には必須の試験工程を一貫して請け負うビジネスモデルで、急成長を遂げつつある。

安来市と言えば、たたら製鉄の伝統を受け継ぐ日本製鉄業の故郷。キグチテクニクスも創業時は、大手特殊鋼メーカーから顕微鏡で観察する金属材料の精密研磨を請け負

社是・理念

≪社是≫

「報恩感謝」

≪経営理念≫

ものづくりの安全・安心を担う

それが私たちの使命

代表取締役社長

木口　重樹 氏

い、機械加工の受託などを手がけてきた。それが、独自ブランドによる材料試験ビジネスを中心事業と定め、強化に乗り出したのは2002年頃のこと。ターゲットとしたのが、成長が期待され、特殊材料のニーズが高い航空・宇宙やエネルギー関連機器の分野。取引拡大のためには各種認証の取得が重要になる。03年のISO9001、同14001の取得を皮切りに、航空宇宙や試験所を対象とした規格を次々と取得。10年には航空機生産の特殊工程に関する国際規格であるNadcap認証を、14年には米ゼネラル・エレクトリック（GE）からも金属材料の試験で認証を取得した。同様の認証を得たのは国内で2社目。10年以上をかけて国際的な材料試験所としての体制を整えてきた。

■国際的な材料試験所に

本社には材料から試験片を切り出すための珍しい工作機

試験片の歪み（クリープ）の経時変化を測定するクリープラプチャー試験機

新しく稼働した疲労試験専門棟には最新鋭の疲労試験機がずらりと並ぶ

械が並ぶ。２０１７年10月には本社近くで新しい試験棟が稼働を始めた。数ある材料試験の中でも難易度が高い疲労試験を専門に手がける試験棟となっており、米ＭＴＳ社製の最新鋭疲労試験機が50台以上稼働。将来には拡張余地もある。また、隣接地には数年前に稼働を始めたクリープ試験（一定の荷重を長時間かけて変形度合いを見る試験）専門の試験棟もある。これら既存の試験設備と合わせると同社の材料試験設備は国内有数の規模となった。

17年度からは島根大学に共同研究講座を開設し、次世代材料の共同研究にも着手した。「この安来の地に先端材料の関連産業を呼び込みたい」と木口副社長。出雲の地が再び日本の素材産業の中心地になる日は遠くないかもしれない。

記者の目

産業振興の夢、実現へ

10年計画で材料試験所としての体制を整備してきた。しかし同社の視線は未来を見据えている。詳細はこれから明らかになるだろうが、材料の開発や製造の分野にも参入を検討しているという。

若い社員を採用し、新規設備を導入してきた同社の勢いは県下でも有名で、地場産業界のリーダー的存在。産業振興の夢をぜひかなえてほしい。

会社概要

所 在 地：島根県安来市恵乃島町 114-15
電話番号：0854-22-2619
創業年月：1961 年 11 月
事業内容：材料試験片の加工および試験
売 上 高：26 億 6300 万円（2017 年 3 月期）
事 業 所：本社／事業所（東京、名古屋）

URL：http://www.kiguchitech.co.jp/

土木建設業界のニーズから産まれたサービスを様々なフィールドへ事業展開する複合専門商社

喜多機械産業㈱

喜多機械産業は1926年に機械修理を手がける喜多商店として創業。61年に喜多美行氏が法人化して現社名となり、土木建設機械器具の販売・レンタル・修理を開始した。「時代やお客さまの要請に応えていく中で扱う商品も増えてきた」と仲田社長が話すように、81年にユニットハウスの製造・レンタル・販売事業を、2001年には太陽光発電システム事業を始めるなど幅広く事業展開している。

同社の事業は、土木建設現場のニーズをきっかけにスタートすることが多いが、仲田社長は「当初の用途だけで

社是・理念

①顧客、仕入先に満足される誠実な仕事をする
②社員の豊かな生活の実現に努力する
③わが喜多機械産業の成長と繁栄に全力を尽くす
――この三つの利益が常に一致するような経営を通じて、広く社会に貢献することを経営理念とする。

代表取締役
仲田 優晴 氏

はなく、自分たちが想定していないかたちで利用されることがおもしろい」と、新規事業を手がける醍醐味を語る。その象徴的な例が、土木建設現場の濁水処理用途から産まれた環境保全型水処理システム「TGAL」だ。内蔵されたサイクロンセパレーターによる遠心分離と、砂濾過による2段階処理を行うことで、処理水を飲用水として利用できる。コンパクトサイズで設置が容易なことから、これまでに多くの自然災害被災地における一時的な飲用水供給システムとして採用されている。

■ユニットハウス事業で新市場を開拓

同社が営業展開する徳島県を含む四国地域は、日本が直面する少子高齢化や人口減少が最も進行している地域の1つ。同社では、このように市場が縮小する中、「土木建設以外の分野で取扱商品を増やしていく」(仲田社長)ことで、

重金属汚染された工事濁水をTGALで浄化して河川に放流

フィリピン・ミンドロ島では小水力発電機を設置し無電化地区の電気利用を可能に

活路を見出そうとしている。その1つが2016年に始めた農業用機械のレンタル事業で、仲田社長は「潜在的な需要はある」と、今後の事業展開に期待を寄せている。

一方で徳島県外に新たな市場を求め、08年の高松を皮切りに高知と松山、京田辺（京都府）にユニットハウス事業に特化した営業所を開設した。今後も「需要のある地域に展開していきたい」（仲田社長）とし、併せて水処理システムについても広域に営業展開していく計画だ。

13年には、同社開発の小水力発電機を利用し、フィリピンの未電化地域における電力供給の実証実験に参画。現在ミャンマーでも同様の取り組みが進められており、仲田社長は「実績を重ね、海外展開につなげていきたい」としている。

記者の目

拠点拡大と新分野への事業展開に注力

主戦場の徳島県を中心とした四国地域では、市場の先細りが否めないため新市場の開拓が成長のカギとなる。すでにユニットハウスを数多く保有しているという強みを生かして、積極的な拠点拡大に着手。一方で、土木建設業界と異なるフィールドへの事業展開にも注力し、将来に向けた事業拡大計画を着々と進めている。

会社概要

所　在　地：徳島県徳島市庄町 3-16
電 話 番 号：088-631-9266
設 立 年 月：1961 年 4 月
事 業 内 容：土木建設業・林業・農業関連機器の販売・レンタル・修理、太陽光発電設備設置・メンテナンス、ユニットハウス製造、水処理・プラントエンジニア
売　上　高：79 億 5000 万円（2017 年 1 月期）
事　業　所：本社／事業所（徳島中央、徳島東、藍住、鳴門、三好、穴吹、阿南、相生、宍喰、名田橋、吉野、淡路、高松、高知、松山、京田辺）

URL：http://kitakikai.co.jp/

設計・測量・環境調査、山陰地区有数の技術者集団

サンイン技術コンサルタント㈱

サンイン技術コンサルタントは土木設計、測量からスタートし、今では環境調査や地質調査、補償業務まで手がける技術コンサルタント企業。1976年に地場最大手ゼネコンの美保土建（現・美保テクノス）から設計・測量部門が独立し、99年には山陰地方初の環境計量証明事業所となった。現在110名強の社員が技術士や測量士などのべ370件強の資格を保有する、山陰地方有数の技術者集団に成長した。大きな特徴は、設計・測量から環境、地質まで手がける幅広い事業展開にある。「大気、水、土、振動と、

社是・理念

経営理念

一．私達の人間力・技術力が会社のブランドです。
　　私達の成長が会社を発展させます。
二．私達は、お客様の立場に立って行動します。
　　お客様の満足が、私たちの満足です。
三．私達は、積極的に自意識と能力の向上に努めます。
　　私達の熱意が、会社を動かします。

代表取締役社長
大野木 昭夫 氏

地域の住環境全般にわたって調査・コンサルティングができる。同じような業態の会社はほとんど見当たらない」と大野木社長は話す。

■住環境を丸ごと調査・コンサル

背景にあるのが「官から民へ」とシフトを進めたこと。公共工事の削減を受けて地方の建設業が不況にあえぐ中、大野木社長が就任した2003年頃から民間への強化を打ち出し、設備や人財に積極的に投資してきた。結果、新しい形の事業が開けた。例えば地盤保証事業。建築物を建てる前に地盤を調査し、強度などを保証する。地盤が強ければ土地の価値を高めるものとなり、軟弱地盤であっても補強工事をすることで建築物の信頼性向上につながる。

これら耐震調査・地盤調査に加え、揮発性有機化合物（VOC）やアスベストといった有害物質による汚染がないか

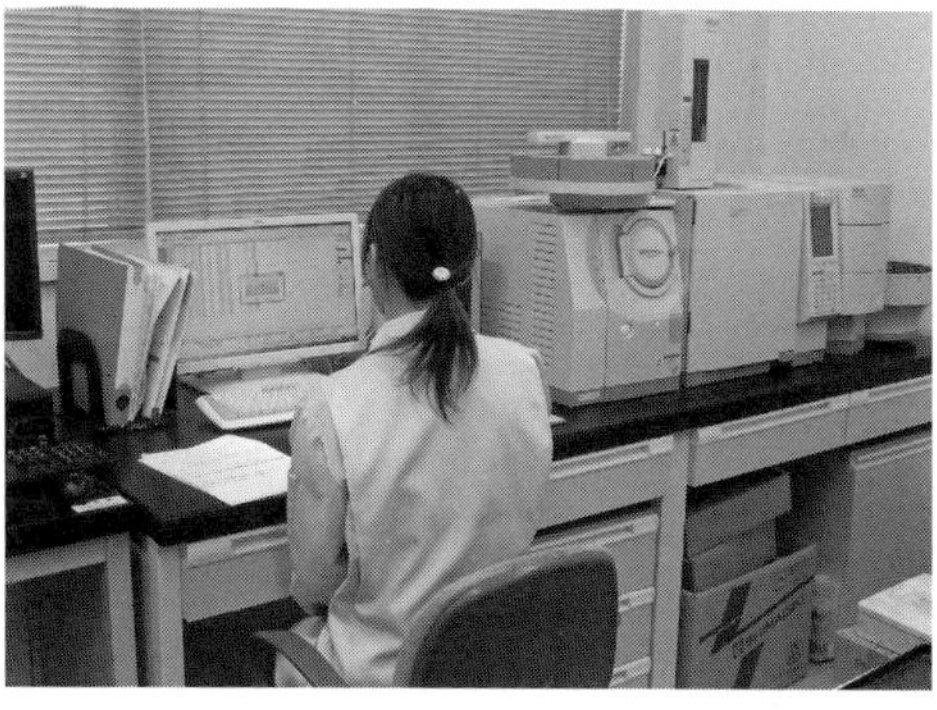

環境調査に用いるガスクロマトグラフィー装置

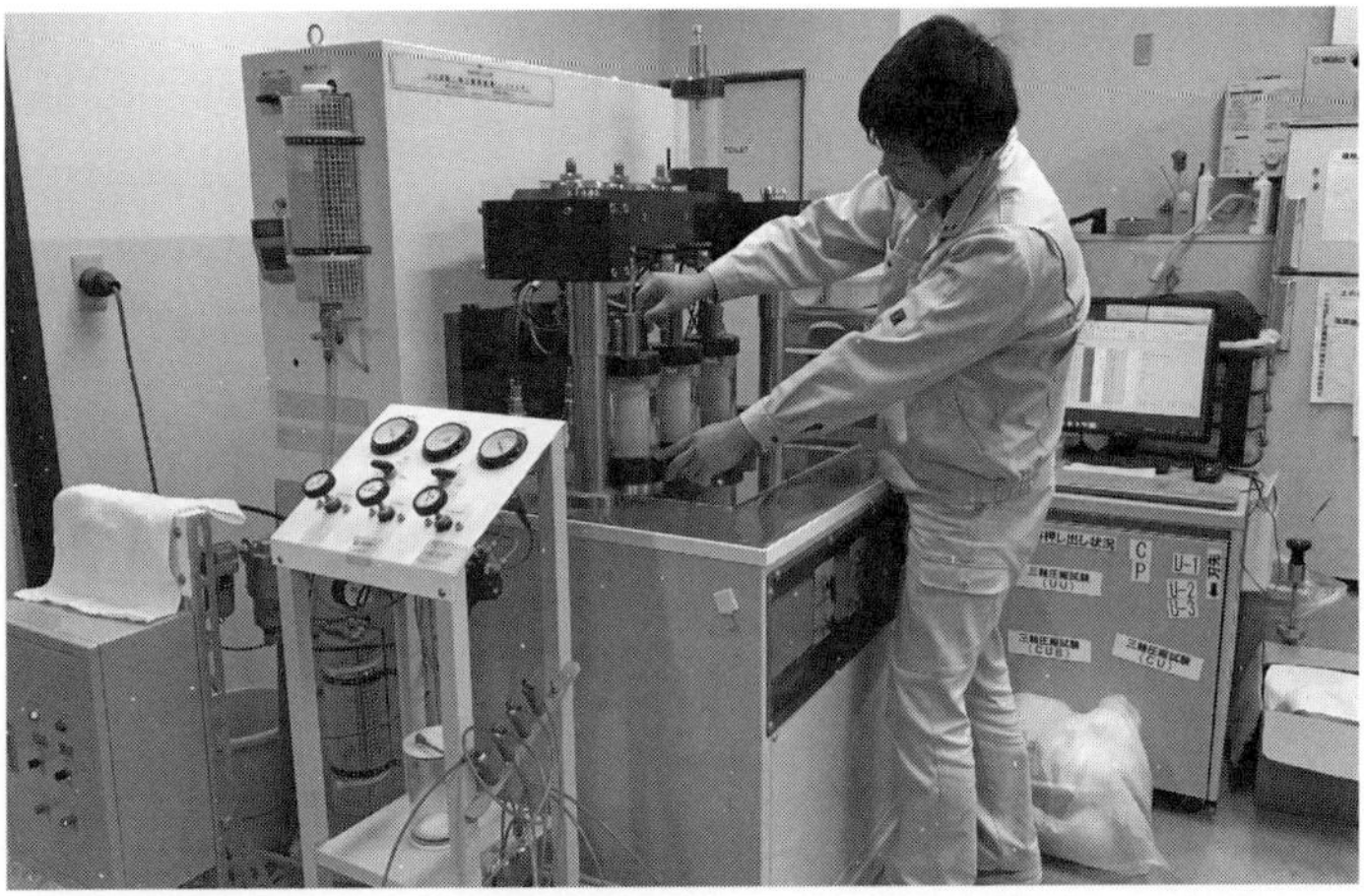

地盤の強さを計測できる３軸圧縮試験機

など住環境に関わるものすべてを調査できる。そのために各種の分析装置や、地盤の強さを測定できる3軸圧縮試験機のような珍しい測定機も自社で設備してきた。

現在、売上の約6割が官需、約4割が民需。これを半々にするのが目標。そこで重要になるのが人財育成。調査もコンサルティングも高品質サービスを提供するうえで人が資本となる。

山陰地方でも建設業界の人手不足は続く。そこで同社は中途採用者や女性を積極的に採用し、働きやすい環境を整えてきた。「技術職の¼にあたる29名が女性社員。この業界では多い方だが、もっと活躍して欲しい」と大野木社長。地域の環境を支える技術者集団として、同社が活躍する場面は今後も増えていきそうだ。

記者の目

優秀な人財確保へ、魅力的な職場づくり重要に

同社のような技術サービスを提供する企業にとって、最大の資本になるのはまさに人財。人手不足の時代に優秀な人財をどう確保し、つなぎ止め、育てていくかが課題であり、大野木社長は待遇の向上や労働環境の改善により魅力的な職場づくりを進める方針を打ち出している。職場の雰囲気などソフト面も重要であり、粘り強い努力が求められるだろう。

会社概要

所　在　地：鳥取県米子市昭和町 25-1
電話番号：0859-32-3308
創業年月：1976 年 5 月
事業内容：設計、測量、環境調査、地質調査ほか
売　上　高：11 億 940 万円（2017 年 12 月期）
事　業　所：本社　支店／鳥取　営業所／倉吉、境港、松江

URL：http://www.sanin-gc.co.jp/

トラブルの未然防止と危機管理力強化を支える

㈱セキュリティプロ

「刑事時代、泣き寝入りする社会的弱者を数多く見てきた。警察は犯人を捕まえることはできるが、犯行の前には手を出せない」。防犯の大切さを痛感した大藤社長は58歳で警察を定年退職すると、危機管理コンサルタント会社を立ち上げた。大藤社長の予想を上回るニーズがあった。「おまわりさんの会社」という安心感も後押しし、創業3年後には法人化。現社名に変更した。

大藤社長が業務の中心に据えたのは、現役時代から頭を離れなかった弱い立場の人を守る危機管理。企業や病院、

社是・理念

「危機管理に想定外はありません。長年の経験と培ってきた専門知識で、あらゆる危機からお守りします」がモットー。「常にクライアントの側に立つ」が信条。危機に臨んでは企業や病院、学校と一体となったリスク対策を実施。地域住民が安心して暮らせる社会の実現を目指す。

代表取締役社長

大藤《おおとう》 良治《よしはる》 氏

学校の危機管理力を高め、暴力団などの反社会的勢力によるトラブルを未然に防ぐ業務である。企業や病院でのいわれのないクレームや迷惑行為、トラブルなどに対応し、相談や処理を一手に引き受ける。事例によっては顧問弁護士に相談し、警察へ通報する。「あくまでリスク管理を適切に行い、不測の事態の未然防止と、発生事案を最小限にとどめ、再発防止策を講じるのが、わが社の考えるセキュリティ」（大藤社長）。上場企業など50社あまりの契約企業などを日々巡回し、情報提供と危機管理の能力アップ研修も定期的に実施している。例えばA社では数年間、反社会的勢力から特定の業者に工事を発注するよう強要され、工事に支障を来していた。セキュリティプロはA社と下請け業者数10社を、暴力追放県民会議に入会させるとともに、警察と地域の防犯団体の協力を得て暴力追放決起大会を開催。A社に対する反社会的勢力の介入を断ち切った。

50社以上の契約企業を日々巡回する

防犯のための護身術の指導も行う

■警察OBが主力のプロ集団

セキュリティプロのプロは、まさしく〝プロ中のプロ〟社員の3/4は元警察官であり、署長以上の経験者は7名に上る。県警ナンバー2の総務部長席に座った者も3名いる。毎年、退職警察職員を受け入れ、そのパイプは切っても切れない。とはいえ、警察捜査の延長線上に立つわけではない。事例によっては警察へ情報提供するが、警察の領分に踏み込まない。

実力を認知され始めたプロ集団は県外も守備範囲を拡大している。もう1つの柱の調査業務では「探偵学校」設立も間近。大藤社長自身が一般社団法人日本調査業協会副会長だけに、名探偵の誕生に一役買うと期待される。

記者の目

警察 OB のプロ集団を束ねる包容と信頼

広島県警の捜査第一課長、広島中央署長、刑事部長、総務部長を歴任。最終身分は警視長。と聞けば、泣く子も黙りそうだが、実際の大藤社長はニコニコ顔で、眉毛の太い好々爺。危機管理意識の低い会社は成長しないが持論。いったん仕事モードになるとギョロ目を剥き部下に指示を飛ばす。包容と信頼が同居している。

会社概要

所　在　地：広島県広島市中区住吉町 4-4
電話番号：082-545-7313
創立年月：1996 年 4 月
資　本　金：1000 万円
従業員数：40 人
事業内容：危機管理支援業務、調査業務、警備業務ほか
事　業　所：本社、東広島支店

URL：http://securitypro.jp/

「このまち思い」な企業として地域とともに歩む

広島ガス㈱

「地域社会から信頼される会社をめざす」という経営理念のもと広島県内の7市4町（広島市、呉市、尾道市、三原市、廿日市市、東広島市、福山市、安芸郡海田町、坂町、府中町、熊野町）の約41万件に都市ガスを供給している。

2009年10月にグループ経営ビジョン「ACTION for Dream2020」を策定し、ビジョンの実現に向けエネルギーの安定供給と保安の確保を柱とした多様な事業に取り組んでいる。17年4月からはガス小売り全面自由化がスタートし、広島ガスを取り巻く環境は大きく変化し

社是・理念

「地域社会から信頼される会社をめざす」という理念とともに3点の課題に取り組む。1点目は「2020年ビジョン」の確実な達成。2点目は広島ガスグループのエネルギーシェアの拡大。都市ガスにLPガスを含めたガス体エネルギーの普及、拡大を図る。3点目はグループの働き方改革の推進。社員が広島ガスグループの一員であることに自信と誇りを持てる会社を実現する。

代表取締役社長
社長執行役員
松藤 研介 氏

ている。これに対応するため、同年３月に新企業スローガン「このまち思いエネルギー。」と新たな営業サービスを発表。地域に根差した企業として〝ひと〟と〝くらし〟に寄り添ったサービスを展開している。

■会員サイトでサービス強化

ガス小売り全面自由化に伴い、Ｗｅｂ会員サイト「ＭＹ　ＨＩＲＯＳＨＩＭＡ　ＧＡＳ」を開設。２０１７年10月末には初年度の目標である会員件数１万５０００件を突破した。同サイトでは毎月のガス使用量、料金の確認、それに過去の状況との比較ができるほか、月々の検針完了を顧客に知らせるメールサービスも利用できる。さらに、家庭用として都市ガスを利用する会員向けのポイントサービスを始めた。ガス料金の支払額などに応じてポイント「広ガスポイント」を付与。貯まったポイントは、広島県の特産品

NO.	メニュー	ためる	概　要	ポイント数
1	獲得ポイント（入会）	1回のみ	「MY HIROSHIMA GAS」にご入会	200P
2	ご愛顧ポイント（ガス料金）	毎月	ガス料金のお支払額	100円（税込）につき1P
3	ご愛顧ポイント（警報器リース）	毎月	警報器リース料金のお支払額	100円（税込）につき1P
4	獲得ポイント（情報登録）	1回のみ	家族構成などの会員情報の追加のご登録	20P
5	獲得ポイント（アンケート）		アンケートへのご回答	50P/回

※アンケート内容により、たまるポイント数を変更（最大50P/回）

▶▶▶詳しくはコチラ　マイ広島ガス　検索

広島ガスの「広ガスポイントサービス」の案内

生活関連サービス「広ガスくらしサービス」

や地元店舗などで使えるクーポン券「広ガスクーポン」に交換できる。

　くらしの悩み、困りごとに対応する生活関連サービス「広ガスくらしサービス」も開始。水漏れやつまりなどのトラブルに対応する「水まわり駆けつけサービス」に加え、キッチン、バス、洗面、トイレなどの「リフォームパックサービス」も提供。ガス機器の故障などに対応する「ガス機器修理サービス」や、都市ガス警報器を手ごろなリース料金で貸し出し、顧客の安心・安全をサポートする「安心・安全サービス」にも注力している。自由化での競争激化を見据え、顧客の囲い込みと新規顧客の獲得を重要施策として取り組みつつ、〝ひと〟と〝くらし〟に寄り添ったサービスを拡大している。

記者の目

自由な発想で新時代に挑む

松藤社長は自由化開始にあたって、「新しい時代にはチャレンジングな新しい経営が必要」（田村会長）と指名された。同社初の営業部門出身社長らしく、激変する環境を「自由な発想でガス体エネルギーを拡大する好機」と捉える。好きな言葉は「謙虚と感謝」。バランス感覚と誠実さを武器に、「このまち思い」のやさしさで新時代に挑戦する。

会社概要

所　在　地：広島県広島市南区皆実町 2-7-1
電話番号：082-251-2151
設立年月：1909 年 10 月
事業内容：ガス事業、ガス機器の販売、液化天然ガスの販売
売　上　高：700 億 200 万円（2017 年 3 月期）
事　業　所：本社／支店（呉、尾道）／工場（廿日市、備後）／技術研究所など

URL：https://www.hiroshima-gas.co.jp/

47年余りの実績 産業翻訳のエキスパート

㈱福山産業翻訳センター

福山産業翻訳センター（FITCEN）は外国語文書の翻訳、作成を通じて企業の最前線をサポートするエキスパート集団。情報、金融、物流などすべてが国際化した今、企業にとって必須の存在となっている。ビジネスのあらゆるステージで発生する文章の翻訳に特化しているのが特徴。特に技術分野や国際法務・財務に強く、低価格で高品質な翻訳の提供を実現している。対応可能な言語も主要外国語をはじめ、東南アジアや北欧諸国、さらには東欧や西アジア、中東と幅広い。

社是・理念

知的サービスを通じて顧客に貢献

代表取締役
松葉 満彦氏

翻訳分野は知的財産権（特許）、国際法務、財務、自然科学など幅広くカバーしている。外国出願特許の明細書の翻訳は長年の実績に加え、年間１０００件程度の翻訳を手がけており、おもな顧客は特許事務所をはじめ上場企業の知財権室・特許部など。金融の国際化に伴い、上場企業における外国人の株主向け用に外国語のディスクロージャー誌やアニュアルレポート、財務書類などの翻訳ニーズにも応じている。企業ニーズへのフレキシブルな対応で産業界に貢献する姿勢を打ち出し、グローバル化が加速する中、時代のうねりを敏感に察知し、フロンティア精神で情報化社会で勝ち残る翻訳のスペシャリスト集団を目指す。

■知的サービスのプロフェッショナル

翻訳が数十カ国にわたる場合は、同時多言語翻訳体制を敷き、それぞれの言語を母国語とするスタッフが担当。専

幅広い翻訳を手がけ、顧客の書類作成に対応する

FITCENには翻訳のスペシャリストが集う

門技術翻訳者、プルーフリーダー、ネイティブチェッカーの「三者一体」による品質保証システムで翻訳の高い品質と秘密厳守の順守を保証している。翻訳受注についても顧客の要望に沿ったコンサルティングを実施している。

最近の顕著な傾向としては、ここ数年で急増しているインバウンド(訪日外国人)関係によって全国の地方公共団体や印刷会社などから、各地方の史跡・旧跡、著名観光地の説明書や有名ホテル・旅館のガイドブックなどの他言語翻訳の注文が増加しているという。

翻訳における優秀なスタッフ、豊富な実績をもとに企業の最前線を支援するビジネスパートナーとしてFITCENの新たな挑戦は続く。

記者の目

グローバル化とともに成長軌道へ

グローバル化の加速で、上場企業だけでなく中小企業にとっても的確な国際化対応が求められる時代となった。主要外国語だけではなく幅広い言語に対応するスタッフを揃えた陣容で信頼を得るFITCEN。加えて、最近のインバウンドの急増はガイドブックの翻訳など、新たな需要が生まれている。幅広い翻訳の仕事で、さらなる成長軌道に乗る。

社内のセキュリティー体制

当社が取り扱う多くの書類は、プレスインタービュー前のディスクロジャー準備書面、出願前の特許情報などお客様の重要な機密情報ですので当社の機密保持体制は万全です。事務室への入退室管理(ID 番号と指紋認証の一致、防犯カメラでの入退室の記録)、さらに電子機器・携帯電話やカメラの持ち込み、持ち出し禁止、社内のすべてのパソコンを24時間モニターし、すべての操作ログを監視・記録しております。

会社概要

所在地：広島県福山市野上町 2-16-3
電話番号：084-921-2888
創業年月：1970 年 7 月
事業内容：知的財産権、国際法務・財務など各種翻訳ほか
売上高：2 億 6000 万円（2017 年 9 月期）
事業所：本社

URL：http://www.fitcen.co.jp/

工作機械の予防保全の提案で機械故障のリスクを軽減

㈱プラスコーポレーション

プラスコーポレーションは、2011年創業の工作機械商社。マシニングセンター（MC）やNC（数値制御）旋盤など工作機械の販売とともに、中古機械の販売や機械情報の提供なども手がけている。13年からメンテナンス部門を立ち上げて機械の修理や調整などの作業も実施。中でも、力を入れているのが予防保全だ。予防保全は顧客のリスク軽減をさせることで安全・安定生産などにつながる。同社では工作機械の設計、営業、メンテナンスで知見を持った経験者をバランス良く揃え、豊富な経験と知識、磨いたセ

社是・理念

日本一“ありがとう”を言われる機械屋を目指します。

代表取締役
牧平　学氏

ンスをもって顧客をサポートする。

予防保全サービスでは、機械を診断し、その結果を一元管理することで行う「予防保全」「改良保全」「事後保全」「保全予防」から、予備品（補修部品）の手配や管理までを支援する。これらにより顧客の安定した生産や稼働率向上を支える。事前にリスクを洗い出し、機械の「健康診断」で予算化できる保守項目を提供する。

■ありがとうを言われる機械屋に

「日本一『ありがとう』を言われる機械屋を目指します」。これはプラスコーポレーションが掲げるビジョンでもある。同社が提供した機械製品が安定稼働することに力を注ぎ、顧客と地域経済を支え、そして笑顔があふれる業界になるよう努めることを使命としている。こうした思いを社員全員で共有しながら、常に初心として再認識できるよう、

工作機械の予防保全を提供し、
顧客企業の安定稼働に寄与している

工場棟とガラス張りで隣接する打ち合わせ場所は落ち着いた雰囲気となっている

ラテン語で〝約束〟を意味する「クレド」という手帳サイズの社内信条集も作成している。

2016年には延べ床面積約360m^2の新本社となる修繕工場兼倉庫を広島県福山市内で立ち上げた。新拠点にはメンテナンス用の研削盤やレーザー測定機などを揃え、予防保全により機械のリスク軽減に取り組む。また、新本社は工場棟に隣接する全面ガラス張りのオフィスとなっており、2階の打ち合わせ場所にはウッド調のテーブルやソファ、3種類の照明などを設置。17年年末には創業7周年イベントとして、地元デザイナーに依頼した鉄のモニュメント風の看板を置いた。工場や事務所からライブ感のある雰囲気を創出し、業界の活性化に寄与するよう努めている。

記者の目

成長を見据え、次の一手となる新規事業へ

プラスコーポレーションは、顧客の「かかりつけ医」として工作機械の予防保全サービスを主力とする。最近ではこうしたノウハウを生かして、今後の需要増が見込まれる産業用ロボットのセットアップと、自動車部品などに用いる治具の設計から製作・加工・試作までを一貫して手がける事業にも乗り出している。成長を見据えた一手になりそうだ。

会社概要

所　在　地：広島県福山市南手城町 2-29-25
電話番号：084-959-5330
創業年月：2011 年 2 月
事業内容：工作機械および周辺機器の販売、工作機械の予防保全・メンテナンスほか
売　上　高：5 億円（2017 年 12 月期）
事　業　所：本社工場

URL：http://www.pluscorporation.co.jp/

目指すのはコットンのグローバルスタンダード

丸三産業㈱

丸三産業はコットン（綿）に事業の軸足を置く。世界から原料を調達し、製品材料となる晒綿《さらしわた》の製造・供給から、脱脂綿やガーゼといった医療用衛生製品、化粧パフ、日用消耗品などの不織布製品の自社開発・製造まで対応する。国内の衛生製品、日用消耗品で使われるコットン不織布原料の晒綿供給能力は現在、国内市場の90％以上を有する。近年は世界的に綿１００％の不織布の需要が増えており、顧客要求に応じて晒綿を高品質化してきた同社の技術が、この背景にある。

社是・理念

社是
考える、実行する、徹底する

企業理念
『コットンで生き、コットンの新しい市場を拓き、
コットンの 21 世紀を創造する』

代表取締役社長
菊池　元宏 氏

丸三産業は1941年、愛媛県八幡浜市で綿製造とともに紡績を行う事業所として創業。48年には衛生材料の製造を始め、現在の業態へとつながる。衛生材料メーカーとしては新参だったが、85年に新たな不織布製造ラインを設置するのに合わせた生産改革が大きなターニングポイントとなった。

旧来メーカーでは綿花の「脱脂・漂白」工程において綿をシート状にし、ロールに巻いて釜に投入する方法が主流だった。これに対し、丸三産業は脱脂・漂白工程後にウォータージェットを用いて綿を整える手法を採用。ほぐれた綿の状態で釜に投入するためロールよりも処理量が飛躍的に増え、低コスト化が実現した。さらに後工程での加工自由度が高まり、製品の多様化と小ロット対応も可能になった。

一方で、化粧品分野への進出で合成繊維と競合する中、異物除去技術なども高度化し、晒綿を使う不織布メーカー

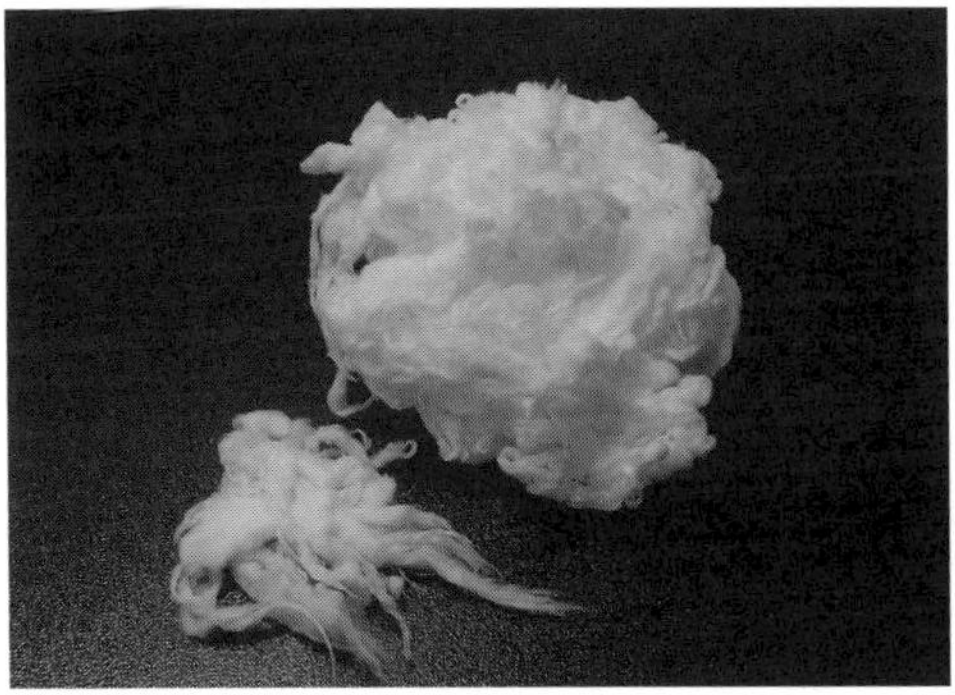

丸三産業の基幹となる晒し綿

コットン不織布は需要が世界的に増加傾向にある

に対する技術サービスも向上。材料メーカーとしての信頼を高めていった。「現在の不織布は合成繊維が世界的な主流だが、今後はコットン不織布の需要が拡大すると見ている」（菊池社長）。

■愛媛・大洲から世界へ発信

「わが社としては売上高200億円を目指す」と菊池社長。国内市場でフェイスマスクなど需要が伸びている不織布製品の拡大を図る一方、海外展開を強化する。中国や韓国などではコットン不織布と、最終製品の供給で実績を積んでおり、こうした動きを欧米を含む世界に広げる。「われわれのコットンをグローバルスタンダードにしたい」。菊池社長はこう力を込める。

記者の目

攻めの経営戦略で世界市場を開拓へ

老舗メーカーがひしめく業界でいち早く生産改革に取り組み、多様なニーズに応えて業容を広げてきた。品質、コスト、効率の追求は今もとどまることなく、世界的にも珍しいコットンの総合企業として名をはせる。「コットンにこだわっていきたい」という菊池元宏社長もとで練られる攻めの戦略。海外市場の開拓市場開拓の動向が注目される。

会社概要

所　在　地：愛媛県大洲市徳森 1349
電話番号：0893-25-5131
設立年月：1948 年 10 月
事業内容：コットンを中心とした衛生材料や衛生製品の製造販売
売　上　高：132 億円（2017 年 2 月期）
事　業　所：本社・大洲工場、五十崎工場、西予工場／グループ会社：MCT 西条、コットン・ラボ、大三、愛媛木蝋工業、エコプロダクツ、ハルミコーポレーション、エミニナール保険合同会社

URL：http://www.marusan-sangyo.co.jp

山陰トップのゼネコンへ、飛躍を遂げる

美保テクノス㈱

美保テクノスは鳥取県下でトップの総合建設会社（ゼネコン）。設計やIT、介護などの企業で構成する美保グループ14社の中核企業として、地域社会の発展に貢献してきた。そんな同社が2018年度まで3年間の中期経営計画のもと経営改革を進めている。地域に密着しつつ着実に成長を目指す同社の取り組みは注目を集めている。

「土木・建築という従来の主力部門以外にも光を当てて組織を活性化し、お客様のニーズにお応えしたい」。片山専務は中期経営計画のもとで実施した組織改革の狙いを、

社是・理念

我が社は優良な構造物を作り、国土を強靭化し、住みやすく便利なまちづくりに尽力する。

災害時は、地域住民の生命・財産・生活を守る事を使命とする。

構造物は、お客様が幸福・繁栄するように細心の注意を払って施工する。

我が社の事業は衣食住の住の部分を全般的に担う、極めて社会性の高い生業であり、社会の公器として永続性を求められる。

従って常に高い目標を持って努力を続け、宇宙の生成発展の法則で永く繁栄する経営をめざす。

代表取締役社長
野津 一成 氏

こう説明する。この改革で同社は全社の組織を「SBU（ストラテジック・ビジネス・ユニット：戦略事業単位）」と名付けた4つの事業部門に再編し直した。すなわち土木、建築、ランドサポート、ハウジングの4SBUである。

ランドサポートは舗装と維持、基礎技術の各事業所、ハウジングは住宅、リフォーム、電気の各課を傘下に配属する。舗装・地盤や住宅の関連事業を、土木や建築に並ぶ主要事業と位置づけたことになる。特に調査や補強といった地盤関連の需要は、00年10月の鳥取県西部地震以降伸びているという。

■BIM活用のフロントランナー

最新技術の取り込みにも意欲的だ。新しい4SBU体制の共通基盤と位置づけ強化しているのがITを活用した先進的な施工。2次元CADが主流の土木・建築業界におい

施工実績の一例。
米子市水道局庁舎

3次元CADを使ったBIMシステムで業務効率をアップ

て、3次元CADをベースに設計から施工、保守までの各段階にわたって、統一したデータを作成・活用しようという新しい手法にビルディング・インフォメーション・モデリング（BIM）がある。同社は2004年にいち早くBIMを導入。09年には設計部内に活用促進を図る部署として「IPDセンター」を設置した。今では、手がけるプロジェクトの95％でBIMを採用し、効率向上と品質向上を果たした。

中計最終年となる18年に同社は創業60周年を迎える。各種の記念事業を計画すると同時に、次の10年に向けた経営ビジョンの作成に着手する。そこでは売上高100億円の達成も視野に入れている。質量ともに山陰地方トップのゼネコンへ、飛躍の時を迎えることになる。

記者の目

官から民へ、対応いち早く

地方の建設・土木企業には、公共事業に頼った経営が得てして多く見受けられた。美保テクノスの優れたところは「官から民へ」という流れをいち早く見抜き対応してきたこと。IT を競争力の中核に据えている点も興味深い。組織改革と成長志向と併せて活気ある組織を維持できれば、今後も地域の中核企業として発展していくことだろう。

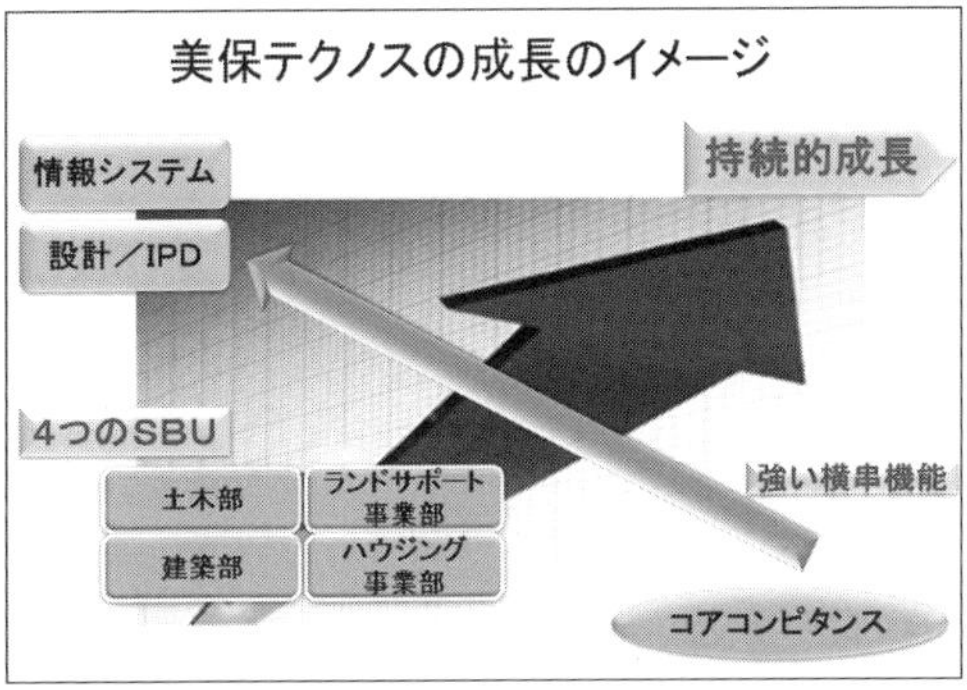

中期経営計画での成長イメージ

会社概要

所　在　地：鳥取県米子市昭和町 25
電話番号：0859-33-9211
創業年月：1958 年 7 月
事業内容：土木、建築工事の施工、維持・基礎・舗装・リフォーム・住宅・電気の調査・設計・施工など
売　上　高：69 億 7200 万円（2017 年 3 月期）
事　業　所：本社／松江、境港（営業所）

URL：http://www.miho.co.jp/

中国・四国地方を支える
モノづくり企業64社

NDC335

2018年4月13日　初版1刷発行

（定価はカバーに表示されております。）

©編　者　一般社団法人
中国地域ニュービジネス協議会
四国ニュービジネス協議会連合会
日刊工業新聞特別取材班
発行者　井　水　治　博
発行所　日刊工業新聞社

〒103-8548　東京都中央区日本橋小網町14-1
電　話　書籍編集部　03-5644-7490
販売・管理部　03-5644-7410
FAX　03-5644-7400
振替口座　00190-2-186076
URL　http://pub.nikkan.co.jp/
e-mail　info@media.nikkan.co.jp

印刷／製本　新日本印刷（株）

ISBN 978-4-526-07840-8　C3034